◎ 书籍是人类进步的阶梯
◎ 阅读是人类飞翔于思想天空的翅膀

阅读与教育

——开启智慧之旅

秦海燕◎著

团结出版社

© 团结出版社，2024 年

图书在版编目（ＣＩＰ）数据

阅读与教育：开启智慧之旅 / 秦海燕著 . 一北京：
团结出版社，2025. 1. 一ISBN 978-7-5234-1532-0

Ⅰ . H09

中国国家版本馆 CIP 数据核字第 2024U8X473 号

责任编辑：陈心怡
封面设计：陈丽维

出　版：团结出版社
　　　　（北京市东城区东皇城根南街 84 号　邮编：100006）
电　话：（010）65228880 65244790
网　址：http://www.tjpress.com
E-mail: zb65244790@vip.163.com
经　销：全国新华书店
印　装：廊坊市海涛印刷有限公司

开　本：170mm×240mm　　16 开
印　张：13　　　　　　　　字　数：190 千字
版　次：2025 年 1 月　第 1 版　　印　次：2025 年 1 月　第 1 次印刷

书　号：978-7-5234-1532-0
定　价：58.00 元

前　言

　　我自幼在书香缭绕的环境中茁壮成长，步入社会后，更是投身于学校的阅读教育领域，成为一名深耕书海的图书人。家庭的学术氛围如同磁石，吸引我自幼便沉浸在书页之间，乐此不疲地遨游于知识的海洋。从连环画到武侠小说，从四大名著到香港作家的言情佳作，再到笑话与故事集，我如饥似渴地吸收着各类书籍的营养，每一本书都像是开启新世界的大门。

　　随着时代的变迁，我的阅读领域不断拓宽，从学校的哲学殿堂到流行小说的轻松愉悦，从专业辅导的严谨细致到外文译著的异域风情，乃至音乐家的钢琴曲谱，我都一一涉猎。在数字化浪潮的冲击下，我的阅读热情非但没有减退，反而更加旺盛，电子书、有声书、视频课程乃至戏剧剧目，都成为我探索世界的窗口。

　　当今时代，信息爆炸，选择虽多，但如何高效阅读、深度思考，却成为新的挑战。传统书本阅读已演变为多媒体沉浸式体验，阅读方式也细化为浏览、泛读、精读与笔记读。浏览，让我们在碎片时间中快速获取信息；泛读，则帮助我们筛选感兴趣的领域；精读，则是深入骨髓，挖掘作品精髓；而笔记读，则是将智慧之光凝结成个人成长的养分。阅读，如同与老友重逢，细诉衷肠，又似与智者对话，启迪心智，它既是自我提升的阶梯，也是孤独时刻的温暖陪伴。

　　阅读，作为信息获取的重要方式，其形式与技术随着时代的步伐不断演进。从随意翻阅到目标明确的学习，阅读贯穿了人的一生，从孩童的启蒙到老人的沉思，都是阅读滋养下的成长轨迹。然而，在日常生活中，阅读往往被局限于校园之内，这无形中削弱了其应有的广泛性与生命力。实际上，广义的阅读无处不在，从手机浏览到网络冲浪，从观看电视到参与文化活动，都是知识的汲取与心灵的滋养。

历史长河中，无数杰出人物以阅读为舟，驶向成功的彼岸。从孔子到司马迁，从科学巨匠到文化领袖，他们无不是通过阅读积累智慧，成就非凡。阅读，不仅是个人成长的阶梯，更是社会进步的推动力。它让我们在时代的洪流中保持清醒，在思想的天空中自由翱翔。

生活因阅读而丰富多彩，它如同空气般不可或缺，虽无形却无处不在。阅读，是一种自主自立的精神追求，它在细微处显现力量，在宏大处展现智慧，在平凡中彰显不凡。阅读宛如流水，无形；既滋润万物，又生生不息，回味绵长；阅读宛如流水，滴水穿石，韧劲十足；阅读宛如流水，浩浩荡荡，场面宏大；阅读以其独特的魅力，成就了一个又一个智者，照亮了人类前行的道路。

因此，深入剖析阅读教育的理论与实践，是我们通往成功教育之路的必经之途。本书作为这一领域的精心之作，不仅理论扎实，更富创新，是每一位阅读指导者与爱好者的宝贵指南。愿它能为阅读教育注入新的活力，助力每一位阅读者更好地融入社会，与时代同行，共创辉煌。

目 录
CONTENTS

第一章 阅读信息的理论及实践（一）

信息是阅读的基石与核心驱动力，其广度与深度直接决定了阅读体验的丰富性与成效。广义而言，阅读不仅关乎信息的摄取与处理，更在于如何巧妙地运用这些信息，以实现预设的学习或生活目标。在这一复杂而精细的信息处理流程中，为了深刻且持久地丰富读者的记忆库，阅读指导者须具备高度的灵活性与敏锐度，根据阅读活动的具体情境，精准地运用认知信息理论中的智慧与策略。通过精心挑选并巧妙融合认知信息理论的精髓，阅读指导者能够极大地激活阅读活动的生命力，使之焕发出前所未有的活力与魅力。这种创新性的教学方法不仅能够吸引学生的注意力，激发他们的阅读兴趣，更能在潜移默化中提升学生的阅读品质与成效，使他们在阅读的海洋中畅游得更加自如与深远。

一、认知信息理论

在认知信息加工的精妙理论框架下，学习者被构想为宇宙间一台高效运转的信息处理引擎，其运作之舞始于对外界环境的细腻感知，信息如涓涓细流汇入心田，历经层层精细的雕琢与加工，最终深植于记忆的沃土之中，绽放出习得技能与知识的绚烂之花，优雅地展现在世界的舞台。

这一过程中，学习者的信息加工系统扮演着无可替代的桥梁角色，它以其独有的智慧，巧妙地将浩瀚的外部世界与内心世界的行为反应紧密相连，编织出一幅幅知识探索与技能形成的壮丽图景。

首先，感觉记忆，这扇通往认知世界的神秘大门，与感官的每一次细微触碰紧密相连，它犹如一位敏锐的捕手，瞬间捕捉并温柔地暂存着外界纷至沓来的信息碎片，为后续的深度加工铺设了坚实的基石，赢得了宝贵的时间窗口。

随后，工作记忆，这方被誉为"意识舞台"的神奇之地，接过感觉的接力棒，开始对信息进行更为精细的雕琢与编排。在这里，信息被赋予了生命，被精心塑造成易于记忆与运用的形态，或转化为稳固的长期记忆之基，或即刻激发行动的火花。然而，工作记忆之舟虽能承载智慧之重，却也受限于容量的浩瀚与时间的流转，这份珍贵与高效并存的特性，更凸显了其在信息处理旅程中的核心地位。

如此，学习者在信息加工的浩瀚征途中，以感觉记忆为起点，工作记忆为舞台，不断演绎着知识的积累与智慧的升华，最终成就了一场场认知与行为的华丽蜕变。

长时记忆，宛如心灵的永恒避风港，蕴藏着无尽的存储深渊，是知识与经验累积的坚实基石。任何渴望在时间长河中留下深刻烙印的信息，都必经一场从短暂闪现的短时记忆，向长时记忆深处华丽蜕变的壮丽旅程。

选择性注意，这一天赋异禀的能力，使学习者能在浩瀚的信息海洋中犹如舵手般精准捕捞，其航向受任务深远意义的灯塔指引，同时驾驭着信息竞争的波涛，克服任务难度的暗礁。阅读指导者，作为智慧的领航员，深知此道之精髓，他们运用个性化教学策略的魔杖，挥洒色彩视觉的绚烂、声音韵律的悠扬，乃至创意元素的奇妙融入——如舞蹈片段的灵动穿插，巧妙地为学生的阅读之旅铺设了一条通往核心的星光大道，极大地提升了阅读的深度与广度。

更为难能可贵的是，他们不仅引领学生探索知识的宝藏，还悉心传授注意力调控的秘籍，鼓励学生在阅读的征途中，当感到疲惫之时，能够灵活驾驭媒介的羽翼，从文字的海洋跃向图像的星空，或是声音的旋律之中，确保阅读体验如同细水长流，既持续又充满活力。这样的阅读活动，不再仅仅是知识的灌输，而是一场场贴合学生个性化需求的灵魂对话，让每一次翻页都成为心灵成长的见证。

在阅读之旅中，学生的心理预期与过往经验的细密交织，犹如一张隐形的网，悄无声息却深刻地塑造着学生的阅读动力与卓越表现。教师的正面期望，犹如夜空中最亮的灯塔，不仅照亮了学生前行的道路，更如同温暖的春风，唤醒了他们内心的潜能之种，促使学生怀揣着对知识的渴望与对师恩的感激，以更加昂扬的热情与不懈的努力，投身于阅读的浩瀚海洋，力求每一次探索都能不负韶华，同时也为阅读任务的圆满完成铺设了坚实的基石。

为了加固工作记忆的城堡，复述策略与精加工技术并肩作战，成为阅读征途中的得力助手。面对简单材料，重复强化的智慧如同磨刀石，不断磨砺着记忆的锋刃，使其更加锐利；而当遭遇复杂任务的挑战时，则须施展编码技巧的魔法，从构建知识框架的宏伟蓝图，到提炼核心要点的精准手术，乃至通过自我提问的深邃探索，将阅读材料与既有的知识体系巧妙融合，编织成一张紧密相连的知识网络。这一过程，不仅如同晨露般滋养了学生的阅读专注力之花，更使其在阅读的田野上深耕细作，收获了理解与记忆的累累硕果。

二、应用认知信息理论的阅读实践例子

（一）长时间记忆的实践

长时间记忆，宛若一座心灵的璀璨宝库，静静守护着过往时光的斑斓碎片。那里，上一年青年节阅读活动的热烈主题依旧鲜明，而学生们活动中阅读文章的标题仍然熠熠生辉，更有那份深植心底、难以磨灭的阅读之乐，以及阅读老师那几句如春风拂面般的温暖鼓励——"此次回答，已见长足进步""勿忘初心，继续前行""表现甚佳"……这些细腻而温馨的记忆片段，汇聚成我们称之为情节记忆的涓涓细流，它们与时间的脉搏紧密相连，为记忆画卷添上了生动鲜活的色彩。

与此同时，在记忆的广袤宇宙中，还隐匿着一种更为深邃而博大的存

在——语义记忆。它如同浩瀚星海，包容了世间万物的知识与智慧，是阅读之旅中无数次探索与积累的结晶。在这里，我们学会了通过略读之术，瞬间捕捉文章的灵魂精髓；我们掌握了分析篇章结构的奥秘，让文字之舞在眼前跃然生动。国外学者所构想的长时间记忆网络模型，更是将这一记忆奇观比喻为一张错综复杂的神经网络，其中节点与概念紧密相连，每一个事物及其属性都在这个庞大而精细的架构中相互交织、相互影响。这一模型不仅揭示了概念间深邃而微妙的内在联系，更映照出每个学习者独一无二的记忆风景，为预测与理解记忆行为开辟了前所未有的视野。

以阅读活动为舟，当我们的航向触及唐代诗坛的璀璨星辰，探寻李白那飘逸的诗篇时，"举杯邀明月"之句便如同夜空中最亮的星，自然而然地跃然心间；而"花重锦官城"的繁华景象，则因杜甫那深沉的现实笔触而与之界限分明，这种迅捷且精准的判断，正是得益于记忆网络中那些直接而高效的链接，它们如同无形的桥梁，瞬间连接起知识与感知的彼岸。

再者，长时间记忆的特征比较模型，犹如一面精妙的透镜，深入剖析了网络模型的灵魂所在。面对现实世界中那些模糊、复杂且交织的概念丛林，它能够帮助我们拨开迷雾，清晰地识别出特征的重叠与差异。李白的浪漫主义风格，如同月下的狂歌，不羁而自由；杜甫的现实主义笔触，则似历史长河中沉重的回响，深刻而真挚。两者在记忆网络的映照下，更显泾渭分明，各自独领风骚。

而并行分布加工模型，则为我们揭示了记忆处理的另一重奇妙——并行性。它如同在阅读唐诗时，教师巧妙布局，将李白的多首佳作并置眼前，引导学生穿梭于不同诗境之间，进行一场跨越时空的比较赏析。学生的思绪在这一刻仿佛插上了翅膀，得以在脑海中同时勾勒出这些诗句所描绘的丰富图景，每一次的对比与联想，都如同在记忆的田野上播种下新的种子，强化了记忆的联系，深化了对诗歌艺术的理解与感悟。

双编码模型，犹如为记忆绘上了绚烂多彩的多维度画卷。在诵读"日照香炉生紫烟"的刹那，学生心中不仅浮现出那幅壮丽的山川图景，耳畔更回响着诗句本身的韵律与文采，视觉与言语的双重编码交织在一起，相辅相成，共同编织出一幅深刻且持久的记忆图景。

记忆的提取，则是长时间记忆璀璨价值的最终绽放。在唐诗背诵的舞台上，学生们通过细腻的回忆与丰富的联想，轻轻揭开记忆的神秘面纱，让那些沉睡于心底的诗句重新焕发生机。而教师的巧妙提示，就如同那开启记忆之门的金钥匙，引领学生更加生动地还原诗句背后的故事与意境。面对诗句的巧妙变换、作者的更迭交替，学生们须调动起全部的记忆储备，进行一场场细腻入微的比较与判断，以确保记忆的准确无误，如同在记忆的迷宫中寻得那条通往真相的捷径。

尤为值得一提的是，情绪这位隐形的记忆催化剂，其力量不容小觑。在充满兴趣与活力的阅读氛围中，记忆之树得以茁壮成长，绽放出更加茂盛的枝叶。因此，为了进一步提升记忆的效率，减少遗忘的侵扰，阅读活动的设计须匠心独运，力求减少一切可能的干扰因素，同时注重因材施教，让每一位学生都能在最适合自己的土壤中，滋养出最丰饶的记忆之果。最终，这些宝贵的记忆将化作学生探索阅读世界的强大动力，引领他们不断前行，在知识的海洋中遨游，收获更加辉煌的成就。

（二）阅读的选择性

立足于认知信息加工理论那坚实的科学基石与广泛的实践价值，阅读指导者以其深邃的洞察力，在阅读活动中高屋建瓴地引领学子们领略阅读的深远意义，巧妙引导他们穿梭于精选内容的深海，进行深度的心灵探索。以李白不朽名篇《蜀道难》为例，指导者匠心独运，设计精妙问题，如同点燃学生探索热情的火花，引导他们细品诗中描绘蜀道之险的绝妙词句与匠心独运的修辞手法。从略读以把握全局，到朗读以沉浸于韵律的海洋，再至精读以剖析每一个细节，学生不仅能在心中镌刻下这首诗的每一个字句，更能深刻体悟其跨越时空的艺术魅力。

在此旅程中，阅读指导者如同细腻的园丁，精准把握学生的年龄层次与阅读偏好，为不同成长阶段的学子量身定制个性化的阅读策略。对年幼的孩童，他们倾注耐心与温情，通过反复诵读，如同细雨润物般滋养着孩子们对文字的敏感与热爱；而对青春洋溢的少年，则在传授阅读技巧的同时，激励他们勇于进行批判性思考，独立探索文字背后的深意，让思维之花在知识的田野上绚丽绽放。

此外，阅读指导者更须拥有广博的文学素养，如同智慧的桥梁，巧妙地将《蜀道难》与李白的其他传世佳作相连，构建出一幅幅文学的图谱，让学生在比较与联系中拓宽阅读视野，丰富文学底蕴。这样的阅读环境，仿佛是一片肥沃的土壤，滋养着学生自主阅读的种子，使其在心中生根发芽，逐渐成长为一种享受，一种不可或缺的习惯。最终，学生们将在阅读这片浩瀚的海洋中扬帆远航，收获知识的宝藏，成就非凡的人生篇章。

（三）阅读的情境

在探索阅读的浩瀚旅途中，情境犹如一位无形的向导，其重要性无可替代。当学子们沉浸在那些熟悉而温馨的场景中时，新知与旧识仿佛被无形的纽带紧紧相连，共同构筑起一座座知识的桥梁，让学习之路变得既宽广又坚实。然而，当阅读的舞台悄然转换，新的情境如同未知的迷宫，考验着学生们将过往所学灵活迁移至新领域的能力。此时，挑战与机遇并存，每一次跨越都是对心智与智慧的锤炼。

以李白不朽之作《蜀道难》的教学为例，阅读指导者以其独到的匠心，巧妙地搭建起一座连接现实与诗意的桥梁。当学生的四川山区旅游记忆被温柔地唤醒，那记忆中蜿蜒曲折、令人叹为观止的山路，便自然而然地成为了解读诗中意境的活生生注脚。李白的词句，在这一情境的映照下，不再只是冰冷的文字堆砌，而是化作了一幅幅生动鲜活的画面，跃然于学生心间。如此，学生不仅能深刻理解诗中的意境之美，更能与李白跨越时空，产生强烈的情感共鸣，学习的成效自然事半功倍。

这一过程，不仅是对学生知识迁移能力的锻炼，更是对其情感、想象力与创造力的全面激发。它让学生深刻体会到，阅读不仅仅是文字的堆砌与解析，更是心灵的触碰与对话，是连接过去与未来，现实与幻想的神奇之旅。

然而，当话题轻轻转至《天路》这首深情吟唱西藏道路建设壮丽史诗的歌曲时，另一番景象悄然展开。由于多数学生未曾踏足那片神秘而辽远的土地，对西藏独特的地貌风光、严酷的气候条件知之有限，歌曲中描绘的辉煌与艰辛便难以在他们的心田勾勒出具体的轮廓，那些词句如同飘浮在空中的云雾，既遥远又模糊，难以捕捉其真谛。此情此景，深刻揭示了亲身体验在知识汲取与记忆固化中的不可或缺性。试想，若学生有幸踏上那片离天最近的高原，亲眼看见那些镶嵌在崇山峻岭间的道路奇迹，那么《天路》中的每一个音符、每一句歌词都将化作心灵的震颤，深深烙印在他们的记忆深处。

这一启示如同晨钟暮鼓，提醒我们作为社会的一员，学生应当积极投身于广阔的社会实践海洋，以亲身经历为舟，探索未知的世界，感悟生活的真谛，从而让自己的情感与认知之树更加枝繁叶茂。在阅读这片神奇的土地上，阅读指导者与学生之间的关系，早已超越了传统的指导与被指导，他们共同构筑了一个学习共同体的坚实基石。在这个共同体中，双方携手并肩，在阅读的浩瀚星空中相互照亮、相互激励，共同设定探索的航标，挖掘阅读背后深邃的意义与价值。

以《天路》为例，当学生被赋予自由表达的空间，他们或激昂陈词，抒发个人感受；或独辟蹊径，提出独到见解；甚至敢于对文本的描绘方式提出质疑与评价。这种主动的参与，如同春风化雨，不仅激活了思维的火花，更让文本的理解之树根深叶茂。而阅读指导者，则应以一种开放包容的姿态，与学生并肩作战，分享自己的智慧与经验，更鼓励学生勇于挑战权威，对自己的解读进行深刻的批判性反思，从而在不断的交流与碰撞中，共同磨砺出更加锋利的语言之剑。

认知信息理论，作为一盏照亮阅读教育之路的明灯，为我们提供了坚实的理论支撑与科学的指导方法。阅读指导者须深入其精髓，灵活运用其原理，以优化教学效果；而学生亦应主动学习，将其内化于心，外化于行，让这一理论成为自己阅读学习路上的得力助手。如此，阅读之旅将不再孤单而漫长，而是充满乐趣与收获的旅程，让知识与智慧的光芒照亮前行的每一步。

第二章　阅读信息的理论及实践（二）

在教育这片广袤无垠的沃土上，众多璀璨夺目的思想家如同星辰般竞相闪耀，他们倾尽智慧，共同编织出一系列科学且多元的阅读信息理论。这些理论，犹如夜空中最绚烂的宝石，每一颗都散发着独特而迷人的智慧光芒，引领着阅读教育的航向。

当阅读指导者与学生们置身于纷繁复杂的阅读情境之中，他们如同灵巧的工匠，巧妙地从这些理论的宝库中汲取养分，灵活运用其精髓。通过深入骨髓的理解、细致入微的分析、积极主动的吸收以及富有创造性的发展，他们将这些理论精髓巧妙地融入每一次阅读实践之中，使阅读活动焕发出前所未有的生机与活力。

这一过程，不仅是一场阅读技巧的华丽蜕变，更是一次心灵与智慧的深度对话。学生们在阅读的海洋中遨游，不仅学会了如何驾驭文字，更学会了如何洞察文字背后的深意，如何与作者进行跨越时空的心灵交流。这种深度的阅读体验，极大地拓宽了他们的视野，丰富了他们的情感世界，使他们在知识的海洋中汲取到更加丰富的营养。

这些努力汇聚成一股强大的力量，推动着阅读成效的飞跃与学习成果的丰硕。学生们在阅读的道路上越走越远，越走越宽广，他们的心灵因阅读而变得更加深邃，他们的智慧因阅读而变得更加璀璨。阅读，不再仅仅是一种学习方式，更成了一种生活方式，一种让他们受益终身的精神食粮。

一、构建主义理论等 9 个理论

（一）建构主义理论

教育家皮亚杰，以其非凡的洞察力，构建了影响深远的建构主义理论大厦。他深刻揭示，知识的积累并非静态堆砌的砖石，而是一场动态不息、持续进行的自我建构之旅。在这场旅行中，学习者与周遭环境紧密相连，相互作用，共同编织并重塑知识的经纬，这一过程目标明确，其核心机制——"图式"，犹如心灵的建筑师，引领着认知世界的构建与拓展。

在知识的浩瀚星空中，皮亚杰以其独特的视角，划分出三颗璀璨的星辰：物理知识（或称经验之光）、逻辑——数理知识（思维的璀璨钻石）以及社会知识（文化的深邃海洋）。物理知识，作为个体探索世界的直接回响，其获取之路铺满了实践的足迹。儿童在每一次与世界的亲密接触中，悄然种下物理知识的种子，这些种子随时间生根发芽，逐渐内化为指引行动的内在罗盘。

而逻辑——数理知识，则是跨越物理界限的智慧飞跃，它引领着学习者步入抽象思维的殿堂。这种知识，不仅摆脱了物理行动的束缚，更激发了逻辑推理能力的蓬勃生长，如同思维的灯塔，照亮了更广阔的知识海域。其抽象性与普适性，使之成为认知结构中不可或缺的支柱，支撑着学习者向更高远的认知境界攀登。

至于社会知识，它则是文化血脉的流淌，深深植根于每个文化群体的土壤之中。个体在与社会环境的互动中，汲取着文化的滋养，这些社会知识不仅教会我们如何与他人和谐共处，更在无形中塑造着我们的价值观与行为范式。因此，社会知识的学习，实则是一场文化的接力赛，我们在传承中创新，在创新中传承，共同书写着人类文明的辉煌篇章。

（二）可变思维理论

教育家西格勒以他那敏锐的洞察力，深刻揭示了可变性作为人类思维之河不竭动力的本质。这股力量，宛如一条奔腾不息的河流，滋养并推动着儿童思维的茁壮成长与持续演变。在儿童踏上阅读学习的奇妙旅程时，这种可变性更是熠熠生辉，它体现在对新思维方式的勇敢尝试与不懈适应之中，即便伴随着不充分概括的稚嫩，却也是通往成长与创新不可或缺的桥梁。

试想儿童学习一首童谣的温馨场景，传统阅读指导的温柔手笔，或许聚焦于引导孩子们以歌声感受韵律的跳动与节奏的跃动。然而，在这片充满想象的天地里，儿童们以其独有的创造力与灵活性，悄然编织着属于自己的阅读篇章。他们或许会选择结伴合唱，让歌声在伙伴间流淌，编织出友谊的旋律；又或许偏爱独自吟唱，让心灵随着文字起舞，沉醉在自我表达的世界里。这些不拘一格的尝试，正是儿童思维可变性最绚烂的绽放，它们超越了既定的框架，展现了无限可能的创造力火花。

当阅读指导者巧妙地引入角色扮演这一精妙绝伦、创意无限的教学策略时，儿童或许会初时因习惯的力量而暂时徘徊于出声唱的传统路径上。然而，这绝非停滞不前的预兆，而是蓄势待发的起点。在指导者如春风化雨般的耐心鼓励与悉心引导下，儿童心中的好奇之火被悄然点燃，他们对新方法的探索欲与日俱增。渐渐地，他们卸下束缚，勇敢地迈出尝试的步伐，以自主、积极的姿态，全身心地拥抱阅读学习的广阔天地。这一华丽的转身，正是思维可变性所赋予的宝贵礼物，它让儿童在变化中成长，在尝试中蜕变。

因此，我们有理由坚信，儿童在阅读学习征途上的每一次勇敢尝试、每一次华丽转身，都是其思维可变性在无声中绽放的绚丽花朵。作为教育的引路人，我们应当以敬畏之心珍视这份可变性，以开放之姿拥抱每一个独特的心灵。通过精心设计多样化的教学方法与策略，我们旨在为儿童搭建起一座座通往知识殿堂的桥梁，激发他们的无限潜能，助力他们的认知结构在探索与实践中不断优化、持续升级，绽放出更加璀璨的光芒。

（三）布鲁纳理论

教育家布鲁纳以其深邃的洞察力，精辟地阐述了学科内容应当如何优雅地顺应学习者的认知发展轨迹——从直观的动作式表征轻盈起步，穿越生动的图像式表征之林，最终翱翔于抽象的符号式表征之巅。这一循序渐进的旅程，绘制出了一幅理想教学序列的壮丽蓝图。

在儿童童谣阅读的温馨殿堂里，阅读指导者以其敏锐的洞察力，精准捕捉到了孩子们那如晨曦般清澈的学习天性。他们巧妙地将动作与图像两大元素融为一体，编织出一个既根植于儿童既有经验又洋溢着探索喜悦的学习环境。在这片充满魔力的空间里，游戏化的探究模式如同魔法棒，引领着孩子们在欢声笑语中参与语句接龙的奇妙互动。这不仅仅是游戏的盛宴，更是智慧与情感的双重滋养，激发了孩子们对童谣无尽的阅读渴望，同时也加深了他们对童谣内容的深刻领悟。

当接龙之旅偶遇小小的挑战与挫折，阅读指导者并未急于求成，而是与孩子们并肩作战，共同面对。他们耐心地引导孩子们进行深刻的反思，如同探险家般细致地剖析问题的根源：是理解的偏差，还是语句的微妙难度？是注意力的短暂游离，还是情境魅力的未尽释放？在这一过程中，指导者与儿童之间建立起了一座座沟通的桥梁，彼此的心灵得以紧密相连。随后，他们携手共进，调整策略，优化方法，直至顺利跨越障碍，达成阅读的彼岸。这一幕幕温馨而动人的场景，正是教学相长美好理念的生动诠释，展现了师生共同成长、相互成就的动人画卷。

进一步而言，学习者的阅读认知能力，犹如一面镜子，映照出其大脑机制灵活性的深邃与广阔。儿童的大脑，恰似一块未经雕琢的璞玉，蕴含着无限的可能与潜能，其高度的可塑性呼唤着一个充满色彩与探索精神的学习环境。而即便成年人的大脑可塑性或许略逊于往昔，但通过巧妙地运用多样化的阅读策略，依然能够激活阅读能力的潜能，实现持续的成长与飞跃。儿童在游戏的欢愉中自然而然地拥抱阅读，而成人则以更加理性的视角，通过广泛的课外读物拓宽认知边界，探寻独特的阅读之旅。

语言，作为心灵的桥梁与思想的载体，在阅读教学的舞台上更是不可或缺。特别是在面对逻辑、数理等抽象领域时，阅读指导者须以孩童的视角为镜，运用温馨而简洁的语言，将复杂的概念化繁为简，确保每位学子都能紧跟知识的步伐，共赴智慧的盛宴。对于那些在阅读之路上偶遇障碍的学生，教师更应成为他们心灵的灯塔，以科学的诊断力洞察障碍的根源，施以精准的认知干预，如同匠人细心雕琢，逐步解锁他们的阅读潜能，让每一个孩子都能在阅读的浩瀚星空中，自信地扬帆起航，探索未知的美丽。

（四）操控理论

成就动机，这股深植于人类灵魂深处的力量，是推动我们自我超越、驾驭挑战、渴望主宰命运的原始驱动力，其重要性在追求卓越与竞争的社会舞台上尤为凸显。在这片崇尚成就与荣耀的天地里，个体的奋斗之心被悄然点燃，化作熊熊烈火，照亮前行的道路。然而，不容忽视的是，心理状态如同航海中的风向标，焦虑的狂风可能阻碍前行的步伐，而内心那份坚定不移的动机，则是破浪前行的风帆，引领我们穿越风雨，直达成功的彼岸。相较之下，外部动机虽能激起一时的浪花，却难以持续激荡起内心深处对知识的渴望与学习的热情之潮。

在阅读这片无垠的知识海洋中，阅读指导者如同智慧的灯塔，他们敏锐地捕捉到学生眼中闪烁的好奇之光与兴趣之焰，以此为火种，点燃了阅读的航程。面对传统默读可能带来的单调与乏味，指导者们以无尽的创意与深邃的智慧，为阅读披上了斑斓的华服。他们让朗读的韵律如清泉般流淌，比赛的竞技如火花般闪耀，心得体会的交流成为心灵的共鸣，生动讲故事的感染力如同春风拂面，而小组合作的协同力则汇聚成推动船只破浪前行的巨浪。每一次阅读，不再仅仅是文字的堆砌，而是一场场心灵的旅行，让学子们在知识的海洋中自由翱翔，探索未知，发现自我。

尤为值得称颂的是，阅读指导者以其非凡的创造力，精心构筑了一个个梦幻般的阅读殿堂，让文字的种子在学生心田悄然萌芽，绽放出栩栩如生的花朵。以李白的千古绝唱《蜀道难》为例，指导者通过那抑扬顿挫、饱含情感的朗诵，仿佛施展了穿越时空的魔法，将诗中那艰难险阻、雄奇壮丽的蜀道景象，一幕幕生动地展现在学生的想象世界之中，极大地丰富了他们的阅读体验，深化了对文本的理解与感悟。

而在此基础之上，指导者更以适时的提问与精妙的引导为钥，开启了学生思维的闸门。诸如"《蜀道难》究竟从哪些独特维度细腻勾勒了蜀道之难？每个维度又各自呈现出怎样的鲜明特征？"此类问题，不仅如同石子投入平静的湖面，激起了学生心中层层思考的涟漪，更引领着他们主动踏上探索之旅，积极结合古代地理、人文的丰富视频资料，以探究性学习的方式，深入剖析，抽丝剥茧。这一过程，不仅是对文本的一次深刻解读，更是一场知识与智慧的盛宴，让学生在完成阅读任务的同时，收获了满满的成就感，其阅读动机也随之得到了质的飞跃与提升。

（五）加涅理论

教育家罗伯特·加涅，以其独到的眼光，将言语信息置于认知领域的璀璨核心，视为构筑陈述性知识大厦不可或缺的基石。在阅读的浩瀚星空中，每一位阅读者都如同孜孜不倦的蜜蜂，穿梭于书籍、视频及多元化的阅读路径之间，贪婪地吮吸着那丰富而有条理的知识蜜露。

以阅读课堂为舞台，指导者以其匠心独运，引领学生遨游于绕口令的韵律之海、诗词的意境之巅，以及地理名称的无垠天地，让知识的花朵在学生的心田悄然绽放，绽放出绚烂的光彩。

加涅深邃地指出，将这些纷繁复杂的知识碎片精心编织成有序的主题或图式，乃是通往高效学习与应用之境的黄金桥梁。一旦掌握了这门编织知识的艺术，阅读者便能自如地将所学化为利剑，精准地解决阅读旅途中的种种难题。这一过程，是知识与领会的深度交融，它召唤着阅读者不仅要铭记言语信息的表面意义，更要潜入其深邃的底蕴，探寻其背后的丰富内涵。

于是，我们见证了学生们从流畅背诵的初学者，成长为能够以独到视角和个性化语言，对所学知识进行深刻释义与阐述的智者。他们的每一次阐述，都是对言语信息深刻理解与内化的璀璨展现。

更为深远的是，这一过程促使言语信息挣脱了孤立存在的枷锁，被巧妙地嵌入一个由相互交织、紧密相连的观念所构成的宏大知识生态之中。

在这个生机勃勃的知识网络里，每一份言语信息都找到了自己的归宿，成为连接过去与未来、理论与实践的坚固纽带。阅读者，在这样的旅程中，不仅收获了知识的宝藏，更学会了如何在更广阔的认知疆域中灵活运用与创造知识，实现了从单纯"知晓"到真正"智慧"的华丽蜕变。

（六）温内理论

加拿大卓越心理学家温内及其卓越团队所开创的自主学习信息加工理论，如同一盏明灯，深刻洞照了学习之旅的内在机制。该理论精妙地阐述了结果预期、效能评估、归因分析、诱因激发以及个人价值观等心理要素，如何在个体内部构建的循环反馈系统中，经过精细入微的加工与整合，驱动并优化着学习的每一步进程。在这一精妙框架中，认知自我监控作为核心驱动力，其复杂而关键的作用犹如引擎之于机械，悄无声息却至关重要地影响着认知加工的每一个细微环节。

随着学习者年岁的增长与阅历的丰富，他们仿佛手握日益精湛的钥匙，解锁了运用学习策略调控信息加工的奥秘之门。这份能力的日益精进，不仅见证了自主学习能力的显著飞跃，更预示着个体在知识海洋中遨游时，拥有了更加自主与高效的航向标。

在当今这个信息如潮水般涌来的时代，温内等学者高瞻远瞩，积极倡导将计算机辅助学习系统融入教育领域，这一创举无疑为学习注入了前所未有的活力与可能。这些智能系统，如同贴心的学习伴侣，通过精准的智能提示、即时的反馈机制以及个性化的补充信息推送，不仅极大地促进了学生自主学习能力的茁壮成长，更为教育现代化的征程铺设了一条充满希望的崭新道路。在这条道路上，每一个学习者都能更加自信地驾驭知识的风帆，驶向更加广阔的智慧海洋。

在阅读这场心灵的旅行中，阅读指导者无疑是那盏引领阅读者穿越迷雾、迈向自主阅读殿堂的璀璨灯塔。自主阅读的精髓，根植于阅读者内心深处那份不灭的求知渴望与不竭的动力源泉，以及他们手中紧握的有效阅读策略与方法这把钥匙。然而，遗憾的是，溺爱、放任乃至专制的教育阴霾，不时遮蔽了这两大基石的光芒，让自主阅读的征途布满了荆棘与挑战。

因此，阅读指导者的角色显得尤为重要且微妙，他们须精准把握方向，既要精心规划出一条条通往知识宝藏的阅读路径，又要在旅途中适时给予阅读者温暖的鼓励与精准的反馈，成为他们攻克难关、勇攀知识高峰的坚实后盾。

面对琳琅满目的阅读材料，阅读指导者如同一位技艺高超的魔术师，灵活变换教学策略，让每一份知识都能以最适宜的方式抵达阅读者的心田。在记忆那些沉甸甸的地名时，他们巧妙运用复述法，让知识在反复的吟咏中深深烙印；而当面对复杂多变的气候变化报告时，他们则引导学生化繁为简，标记重点，通过深度阅读与理解的熔炉，锻造出坚固的知识框架。

更值得一提的是，阅读指导者还擅长以创新为翼，让教学活动焕发出勃勃生机。朗读比赛的热情洋溢、趣味游戏的欢声笑语、分组讨论的思维碰撞……这些丰富多彩的活动，不仅如同魔法般驱散了遗忘的阴霾，更极大地激发了阅读者的内在潜能，让他们在主动探索与积极参与中，绽放出更加耀眼的光芒。

在时间管理这片广袤的田野上，阅读指导者也是那位精耕细作的园丁。他们耐心引导阅读者学会合理规划时间，提高利用效率，让每一分每一秒都成为助力成长的宝贵财富。在这个过程中，阅读者不仅收获了知识的硕果，更学会了如何自我管理、如何高效成长，实现了从知识积累到能力飞跃的华丽蜕变。

（七）求助理论

在阅读的深邃海洋中，阅读者主动寻求外界援助的智慧之举，实为阅读策略中不可或缺的璀璨篇章。这一行为，如同航行者巧妙地利用风向标与灯塔，不仅涵盖了向阅读导师、同窗伙伴、书籍精髓乃至浩瀚网络资源的求索，更蕴含了一系列精妙绝伦的行事准则：确保每一次求助都如同精准导航，旨在加速阅读航程，而非无谓地徘徊于时间的漩涡；所求内容，力求精准捕捉关键节点的灵光一闪，或是启迪思考的微妙线索；同时，秉持高度的责任感，不轻易将难题的舵盘全盘交出，而是作为共同掌舵者，与援助之手并肩前行。

阅读导师，则如同那位精心布置港湾的匠人，积极营造一个充满活力与互动的阅读生态系统。他们促进小组合作的温暖浪花，提供学习材料的丰富宝藏，以及便捷网络资源的广阔海域，共同构建起一个支持阅读者勇敢求助、乐于探索的温馨环境。

而阅读者自身，则须修炼成一位精通求助艺术的航行家。他们须具备敏锐的洞察力，知晓何时扬帆求助，何地寻觅智者，以及如何以最恰当的方式向那位能点亮心灯的人发出呼唤。在这一过程中，阅读者不仅加深了对自我能力的深刻理解，更学会了在他人需要的时刻，勇敢地伸出援手，共同抵御阅读之旅中的风浪，携手跨越障碍，抵达知识的彼岸。

针对不同年龄阶段的阅读者，其求助行为犹如一幅幅生动的成长画卷，展现出鲜明的阶段性风采。小学生，如同初绽的花蕾，偶尔因畏惧被误解为能力不足而羞涩于求助，此时，阅读指导者的温柔理解与适时引导如同春日暖阳，鼓励他们勇敢迈出求助的步伐，以此作为阅读能力提升的阶梯。初中生，正值青春洋溢的年华，他们更倾向于在同伴间搭建共鸣的桥梁，以友谊与合作的力量，共同破解阅读路上的难题，展现出青春的团结与智慧。

步入高中，阅读者们的思维越发成熟，他们理性地审视求助的价值，更倾向于引导式的探讨而非直接的答案馈赠，同时，同学间的互助氛围也更为浓厚，彼此激励，共同进步。而大学生，则如同展翅高飞的雄鹰，展现出高度的自主性与探索欲，多渠道求助成为他们常态化的学习策略，他们渴望通过每一次求助的契机，深化对知识的理解，提升自我阅读效能，追求卓越。

求助理论，如同一面镜子，深刻映照出阅读者在成功与失败之间复杂微妙的心理历程。成功的果实，能够极大地滋养阅读者的自信心与自我效能感，如同星辰指引前行的方向；而失败的磨砺，虽可能暂时笼罩自我怀疑的阴云，却也是成长不可或缺的养分。阅读指导者须成为那位智慧的园丁，引导阅读者树立正确的归因观念，将成功归因于不懈的努力，将失败视为成长的垫脚石，通过持续的耕耘与积累，逐步构筑起坚不可摧的自信之基。

为了确保阅读之旅的丰富多彩与高效前行，阅读者须具备敏锐的洞察力，能够区分机械记忆与深度理解的不同需求，并认识到个人知识储备对阅读成效的深远影响。阅读指导者则须化身为阅读航程中的灯塔，深入了解学生的阅读底蕴，精心规划阅读航线，设计既具挑战性又能激发潜能的阅读任务，让学生在每一次挑战中树立自信，激发主动探索的热情。同时，传授多样化的阅读策略与技巧，如同赋予学生一把把开启知识宝库的钥匙，通过及时的反馈与反复的练习，让学生在实践中逐步掌握并灵活运用这些工具，最终驶向高效阅读的彼岸。此外，营造生动有趣的阅读环境，引入科学高效的阅读技巧，如运用交叉树形图式解析复杂文本关系，都能让阅读之旅更加轻松愉快，充满发现的乐趣。

（八）信息加工心理学理论

在信息加工心理学的浩瀚星空中，双重编码理论犹如一颗璀璨的星辰，深刻揭示了人类记忆宫殿那精妙绝伦的构造。它精妙地指出，长期记忆这座宝库，并非单一维度的堆砌，而是视觉表象与言语表征两大瑰宝交相辉映、和谐共生的典范。这两种编码方式，既各自独立，如同夜空中遥相呼应的星辰，展现出各自独特的魅力与功能；又紧密相连，仿佛织就一张错综复杂的记忆之网，相互促进，共同构筑起人类认知世界的坚固基石。

当我们将目光转向阅读这片广袤无垠的天地时，双重编码理论无疑为阅读指导者点亮了一盏明灯。它启示我们，在阅读这一智慧之旅中，若能巧妙地融入图像、插图、表格等直观而生动的视觉元素，便如同为阅读者插上了一双飞翔的翅膀，引领他们穿梭于文字与图像交织的梦幻之境。这些视觉元素，不仅为阅读学习增添了丰富的色彩与层次，更如同桥梁一般，连接起文字背后的深层意义与读者的心灵世界，促使阅读者能够从多个角度、多个层面深入挖掘文本的内涵，实现真正意义上的深度阅读。

在这一过程中，阅读者的记忆效能得以显著提升，他们不再仅仅是文字的被动接受者，而是成了主动构建知识网络、深化理解、强化记忆的创造者。正如魔法般，双重编码理论让阅读效果实现了质的飞跃，让知识的种子在阅读者心中生根发芽，绽放出智慧的花朵。

（九）阅读激励理论

在阅读的浩瀚宇宙中，阅读激励犹如春风拂面，细雨润物，其存在之必要与意义深远，无可替代。它以千姿百态的形式展现，既有阅读导师那慷慨而真挚的表扬，如同温暖的阳光照耀心田；也有实物奖励与特殊活动的邀请，为阅读之旅增添无限惊喜与期待。阅读者自我激励的火花同样绚烂，每一次自我肯定、收获与探索的喜悦，都是内心深处最动人的乐章。而阅读者之间的温情传递，无论是鼓励的话语、贴心的小礼物，还是共同度过的欢乐时光，更是编织成一幅幅温馨动人的画卷，让阅读的世界更加丰富多彩。

在实施阅读激励策略之时，阅读指导者须怀揣匠心，细腻入微，如同雕塑家雕琢艺术品般精心策划。首要原则，便是精准与适时。激励不可泛泛而谈，更须避免不合时宜的介入，以免成为阅读者信心与热情的绊脚石。它应如同夜空中最亮的星，为阅读者指引方向，照亮前行的道路，让每一次努力都充满意义与价值。

最佳的激励时机，往往隐藏在阅读任务圆满完成的那一刻。此时，阅读者的心中涌动着成就感与喜悦的浪潮，记忆之门大开，正是加深印象、巩固成果的黄金时刻。适时的激励，如同为这成功的果实添上一抹亮丽的色彩，让阅读者更加珍视自己的付出，对未来的阅读之旅充满憧憬与期待。

阅读激励的深远意义，更在于它如同肥沃的土壤，滋养着阅读者的自信心与自主性之树苗壮成长。每一次成功的体验，都是阅读者内心深处坚实基石的累积，让他们在面对未来的挑战时，能够勇往直前，无惧风雨。

当阅读者渐渐沉醉于书海，对阅读活动产生浓厚兴趣之时，阅读指导者的奖励策略便须更加巧妙与深刻。此时，应更加注重阅读活动本身的内在魅力与价值，通过深度探讨、知识分享或荣誉证书的颁发等方式，让阅读者感受到阅读带来的精神富足与自我提升。这样的奖励，不仅是对阅读成果的认可，更是对阅读者内心世界的深刻触动与激励，促使他们更加热爱阅读，将阅读视为一种享受、一种习惯、一种不可或缺的生活方式。

二、现代阅读要求

（一）现代阅读理论

教育领域正掀起一场波澜壮阔且持续深化的变革风暴，旨在拥抱并塑造一个日益多元化、包容性强的学校生态环境。在这个广阔无垠的舞台上，学校正面对着文化多样性的斑斓画卷、学生学习偏好与方式的千姿百态，以及社会经济背景的广袤差异与个体能力的独特展现。在此背景下，学生群体对个性化成长的呼声越发强烈，他们渴望在教育的甘霖滋养下，绽放出独一无二、创新璀璨的光芒。

学校教育，作为这场变革的领航者与核心驱动力，正稳健地驶向多元化与包容性的新纪元。从科学的视角深入探索，每一位学生都是宇宙间独一无二的星辰，各自闪耀着性格的独特色彩、潜藏着未被发掘的能力与兴趣之光，共同编织成一幅绚烂多彩的人生图谱。教育的神圣使命，便在于以匠心独运的手法，精心雕琢这些各具特色的灵魂宝石，不仅帮助他们成就更加完善的自我，更引领他们在社会的浩瀚星空中精准定位，释放出各自不可限量的社会价值与创造力光芒，共同照亮人类进步的道路。

（二）现代阅读实践

在阅读指导的实践中，针对学生主体的多元化特征，阅读指导者可以精心规划以下几类目标，以促进每位学生的全面发展与个性化成长。

1. 差异性目标

我们致力于构建一个包容性极强的阅读环境，确保每位学生都能成为这场知识盛宴中的积极参与者与主动探索者。通过精心策划的小组任务，我们巧妙地融合了共同的学习基石、普遍适用的要求以及充满挑战的扩展探索，旨在满足不同能力层次学生的需求。创新性的实践活动与灵活多变的小组、个人活动形式交相辉映，如同一幅幅生动的画卷，让每位学生都能在适合自己的舞台上发光发热，体验完成阅读任务的喜悦与成就感。这一过程，不仅是学生阅读体验的深度拓宽，更是其心智、情感与技能全面发展的加速器，为学生的个性化成长之路铺设了坚实的基石。

2. 个性化目标

紧跟现代教育改革的时代脉搏，我们将阅读者、阅读过程、方法及条件视为灵动多变的生命体，赋予它们无限的活力与可能。在这样的理念下，阅读目标不再是一成不变的标尺，而是化身为灵活可调、量身定制的个性化参数，精准对接每一位学生独一无二的阅读需求与憧憬。

这一目标的设定，如同为每位学生点亮了一盏明灯，照亮了他们探索个性化阅读之旅的征途。它鼓励学生勇于追随内心的声音，依据自己的兴趣导航，依托自身的能力扬帆，向着心中的阅读目标奋力前行。在这条专属于自己的阅读路径上，学生们将发现无限的风景，收获独特的感悟，实现自我潜能的华丽绽放。

3. 自主性目标

鉴于学生群体间知识底蕴的深浅不一、智力倾向的多元纷呈及心理素质的千差万别，阅读指导者化身为学生个性化阅读旅程的引路人，鼓励他们勇敢地成为自己阅读命运的掌舵者。学生被赋予权力，自主设定阅读目标，挑选最契合自身认知风格的策略与情感投入方式，从而在个性化的阅读征途中收获独一无二的成就与喜悦。这一过程中，他们不仅展现出对文本深刻而独到的理解、见解与探索轨迹，更勇于发声质疑，在自我挑战与超越中茁壮成长。

同时，我们引导学生深刻理解，阅读与学习是一场跨越时空的旅行，不应局限于纸质媒介的桎梏。自然风光的旖旎、社会实践的广阔天地，皆是阅读的宝贵资源，助力他们实现终身学习与个性化发展的无缝对接。

在阅读指导的舞台上，指导者可以是独当一面的智者，也可以是携手共进的团队。我们倡导与专业教师、班主任及学校领导的紧密合作，共同绘制学生全面发展的蓝图。同时，校外专家的智慧光芒与家长的温暖支持，如同星辰般点缀在这条阅读之路上，为孩子们的成长保驾护航。

在信息网络的浩瀚海洋中，我们紧握时代的脉搏，充分利用网络资源，为学生提供文字、音频、视频等多维度、多感官的阅读盛宴。这不仅打破了传统阅读的时空界限，更促进了阅读活动的自由与多样，让阅读成为一场随时随地可享的盛宴。通过智能分组与高效管理工具，我们精准记录学生的阅读轨迹与成效，为个性化指导提供坚实的数据支撑。而网络阅读的匿名性特质，则为学生在尝试与探索中筑起了一道安全的屏障，让他们在无惧失败、勇于尝试的氛围中茁壮成长。

最后，阅读评价作为连接过去与未来的桥梁，始终贯穿于阅读活动的每一个环节。我们采用多层次、多维度的评价标准，既关注学生的即时反馈与成长点滴，又着眼于他们未来的发展方向与潜力挖掘。这样的评价方式不仅激发了学生的自信心与自主性，更为阅读指导者提供了精准把脉、科学施策的依据，共同推动阅读活动向着更加高效、深入、个性化的方向迈进。

（三）现代阅读例子

在学生踊跃投身于学校阅读活动的璀璨舞台上，阅读指导者不仅是照亮知识海洋的灯塔，更是学生心灵深处那温柔而坚定的引路人。他们不仅须拥有渊博的阅读学识与丰富的实践积淀，更须具备对学生个性特质、学习渴望及心灵世界的细腻感知力，如同匠心独运的雕塑家，精心雕琢每一颗年轻的心灵。

阅读活动，作为学校教育的璀璨明珠，不仅是知识传承与智慧启迪的沃土，更是连接历史脉络、时代脉搏与社会变迁的桥梁。阅读指导者紧跟时代浪潮，巧妙地将阅读内容与现实世界交织融合，让学生在字里行间感受到时代的脉动，激发他们的社会责任感与参与热情，让阅读成为连接过去与未来、个体与社会的桥梁。

在课堂上，阅读指导者如同导演般精心策划，以多样化的阅读内容与形式为舞台布景，搭配高效而富有创意的阅读策略，旨在唤醒学生沉睡的潜能，让他们在欢声笑语中领略阅读的魅力，享受探索知识的乐趣。通过与学生心与心的交流，阅读指导者得以深入了解每一个独特的灵魂，进而为每位学生量身定制个性化的短期与长期阅读蓝图，确保他们在最适合自己的步伐中茁壮成长，绽放属于自己的光彩。

以唐代伟大诗人李白的《静夜思》为教学瑰宝，阅读指导者匠心独运，设计了一连串精妙绝伦的教学活动：从个人沉浸式的自主阅读，到集体智慧的火花碰撞；从生动直观的视频辅助，到妙趣横生的问答互动，每一步都如同精心铺设的阶梯，引领学生逐步深化对诗歌意境的感悟与记忆。在小组合作的温馨氛围中，学生们学会了携手并肩，相互激励，共同进步，而阅读指导者则如同春风化雨，适时给予鼓励与精准点拨，确保每位学子都能在原有的基础上绽放出更加耀眼的光芒。

在小组阅读管理的艺术殿堂中，阅读指导者既是规则的智慧制定者，又是情感的细腻调节师。他们巧妙引导，让学生建立起高效的合作机制，共同面对挑战，享受集体智慧的璀璨成果。同时，通过敏锐的观察与深刻的反思，阅读指导者灵活调整小组动态，确保阅读之旅在和谐与高效中悠然前行，宛如一曲悠扬的和弦。

阅读指导者深知，阅读之旅远非文字的简单堆砌，而是心灵深处的触动与成长的甘露。他们致力于培养学生的阅读之趣，将其视为一场系统性的心灵滋养之旅，着重提升学生的探究热情、问题解决能力、自我反思深度以及创新思维的火花。他们倡导多元化阅读，拒绝任何形式化与无效阅读的侵扰，让每一次翻开书页的瞬间，都成为一场触及灵魂深处的旅行。

面对阅读教育的广阔天地与复杂挑战，阅读指导者展现出了非凡的智慧与灵活的应变能力。他们既坚守教育的本真与规律，又勇于开拓创新，不断从历史的智慧中汲取养分，结合当下的时代脉搏，为阅读者量身打造最优化的学习体验与指导方案。在教育改革的浩瀚征途中，他们无疑是推动阅读教育破浪前行的中流砥柱，用心血与汗水浇灌出一批批心理健康、创造力横溢、个性鲜明的社会栋梁之材。

第三章　阅读学习的理论和实践应用

阅读学习，这一智慧的耕耘，深深植根于物质世界的坚实土壤之中，而其最为璀璨的核心，莫过于人类那高度发达的大脑——这一思维宇宙的起源与不竭的创新源泉。每个人的大脑，都是宇宙间独一无二的奇迹，其错综复杂的神经网络与个体独特的生理机能相互交织，共同编织出一幅幅个性化的阅读学习图景，展现出千姿百态的学习风貌。

正如自然界万物生长须依循天时地利，阅读学习亦需个体身心环境的和谐共鸣。有人以视觉为舟，遨游于文字构建的细腻情感海洋，敏锐捕捉字里行间的微妙波动；有人则以听觉为翼，让文字化作风语，轻拂过耳畔，激起心灵的涟漪，引领思绪飘向远方。更有智者，以行动为笔，将理论知识融入亲身体验的画卷，通过实践的手，将抽象的概念转化为触手可及的感悟，让理解之树根深叶茂。

在这片充满无限可能的阅读学习天地里，每个人都是独一无二的探索者，以自己独特的方式，与知识共舞，与智慧对话。正是这份多样性，赋予了阅读学习以无限的魅力与活力，让知识的花园中绽放出朵朵绚烂的思想之花。

一、阅读学习的物质基础

在这座宇宙间最为精妙绝伦的殿堂——神奇的大脑之中，蕴藏着令人叹为观止的奇迹。它坐拥着浩瀚无垠的一万亿脑细胞与一千亿跃动着生命火花的神经细胞，每一千亿神经细胞又如同繁星点点，繁复地绽放出两万个分支，交织成一张无边无际的智慧之网，覆盖了思维的每一寸疆土。

人类独有的三重脑结构，宛如自然界最精致的雕塑，本能脑、情感脑与卓越非凡的大脑皮层交相辉映，共同构筑了心灵的殿堂。而在这片思维的广袤天地间，学术严谨的左脑与创意四溢的右脑，如同日月同辉，通过精密构建的信息桥梁紧密相连，相互激发，共同编织着人类智慧的华章。

更令人叹为观止的是，大脑内七大智力中心犹如璀璨的星辰，熠熠生辉：言语之智，让思想的河流滔滔不绝；数学逻辑之智，解析世界的奥秘；视觉空间之智，构建梦想的蓝图；音乐韵律之智，奏响心灵的乐章；身体运动之智，舞动生命的活力；社交交往之智，搭建人际的桥梁；内在自控之智，则是驾驭自我的舵手。这七彩光谱般的智力中心，照亮了人类认知的每一个幽深角落，让智慧之光普照心田。

而这一切的奇迹，都依托于一套高效而精密的信息传输系统，它如同宇宙间的隐形脉络，将化学与电子的微妙信号瞬息传递至身体的每一个角落，成为解锁个人学习潜能、激发智慧火花的金钥匙。在这神奇大脑的引领下，人类不断探索未知，创造奇迹，书写着属于自己的辉煌篇章。

孩子们，怀揣着那份纯真无瑕的好奇心，他们仿佛是天生的探险家，以舞蹈的轻盈步伐、味蕾的探险之旅、指尖轻触的微妙、耳畔旋律的悠扬、眼中风景的斑斓，以及心灵深处最细腻的触动，自由地穿梭于这个绚烂多彩的世界，几乎以一种近乎本能的方式，无师自通地汲取着生命的养分与知识的甘露。这份学习能力，正是人类无限潜能最为璀璨夺目的展现。

回望波澜壮阔的历史长河，20 世纪无疑是人类文明跃进的辉煌篇章：70 年代，人类的太空梦想如星辰般璀璨，引领我们向未知的宇宙深处进发；80 年代，科技浪潮汹涌澎湃，以前所未有的速度改变着世界的面貌；90 年代，则是心灵觉醒的时代，人们开始更加深刻地审视自我与世界的联系。而今，步入 21 世纪，我们已置身于一个科技日新月异的全新纪元，人类正以前所未有的热情与智慧，挖掘着大脑深处那无尽的宝藏。

教育领域，在这场科技与文化的交融中迎来了深刻的变革。学校，作为知识的摇篮，纷纷引入个性化的阅读教程，它们既简洁明了又充满趣味，如同精心设计的探险地图，引领着每位学生踏上独一无二的学习之旅，激发着他们内心深处的潜能与创造力。而图书馆与博物馆，这两座人类文明的璀璨灯塔，不再仅仅是资料的堆砌，它们以丰富的馆藏、独特的展览与深邃的文化底蕴，成了点燃阅读者兴趣之火的火种，加速了求知者攀登知识高峰的步伐，让通往智慧殿堂的道路变得更加清晰与快捷。

因此，学校、图书馆与博物馆，它们已超越了传统意义上的资料库范畴，化身为智慧的源泉与灵感的孵化器，滋养着每一颗渴望学习、追求真理的心灵。在这个充满无限可能的时代，它们正携手并肩，引领着人类迈向一个更加辉煌灿烂的未来。

二、阅读学习的实践

为何而读？这一追问触及了阅读的灵魂深处，其深层价值远超乎知识的累积，它是对智慧之光的追寻与拥抱。在教育的十字路口，我们往往面临目的之惑，但清晰的方向在于：构建一个坚实的教育体系，其根基深深扎根于对个体差异的尊重与潜能释放的促进之中。每位学生，都是夜空中独一无二的星辰，拥有各自闪耀的能力光谱，在探索知识的旅途中，他们需要适时地捕捉外界的光芒，以照亮并指引自己的道路。

因此，教育的精髓在于构建一个以学生为中心，全面促进其发展的生态环境，而非仅仅局限于课程体系的框架或物质条件的堆砌。在这个环境中，每个学生都能找到属于自己的舞台，自由翱翔，绽放光彩。

在阅读这片浩瀚无垠的星海中，我们倡导阅读策略的多元化与个性化，鼓励百花齐放、各展所长。从跳读的轻盈漫步，到速读的疾风闪电，再到精读与细读的深度品味，每一种阅读方式都是通往智慧殿堂的独特桥梁。它们共同编织成一幅绚丽多彩的阅读画卷，让知识的海洋更加广阔深邃。

而教师，作为这趟智慧之旅的引路人，更应秉持"授人以鱼不如授人以渔"的崇高理念，如叶圣陶先生所倡导的，致力于激发学生的自主学习潜能，培养他们的团队协作能力、深厚的爱国情怀以及永不言败的进取精神。在这一过程中，建立健全的反馈机制，提升学生的自我学习与自我完善能力，成了开启智慧之门的金钥匙。

如此，阅读与学习便不再是一种负担，而是一种享受，一种对未知世界的勇敢探索，一种对自我潜能的深度挖掘。在这个过程中，我们收获的不仅仅是知识的积累，更是智慧的启迪与心灵的成长。

思想，这股无形的力量，犹如璀璨星辰，引领着世界不断向前迈进。优秀的教师，他们不仅是智慧之光的传递者，更是心灵的灯塔，照亮学生成长的道路，成为他们心田的激励者、成长的加速器、迷途中的指南针、挑战前的坚强后盾以及和谐氛围的营造者。在阅读的圣殿中，指导者与阅读者角色交织，相互启迪智慧，携手共赴知识的盛宴，共同成长于这片精神沃土。

正确的阅读方式，仿佛施展了神奇的魔法，不仅强化了学习的记忆宫殿，还促进了知识之间的奇妙联结与创新火花，让学习之旅化为一场充满乐趣与挑战的探险，引领我们不断突破自我界限，跨越认知的障碍，优化学习的每一个瞬间。

而最佳的阅读体验，则是心灵与知识的完美融合，它要求我们以放松的心态沉浸其中，以积极的行动探索未知，以高涨的情绪拥抱每一个发现，更以纯粹的乐趣为伴，享受这一场场心灵的洗礼。这一过程，不仅是对知识的追求，更是对自我认知的深刻探索，它是教育的灵魂所在，也是人生旅途中不可或缺的指南针。

在学习的征途上，我们应顺应自然的节奏，与生物钟和谐共舞，灵活驾驭具体与抽象、随机与有序的知识海洋，使知识的吸收如同春雨般润物无声，高效而自然。而学生那份对未知世界永不熄灭的好奇心、勇往直前的冒险精神，以及在爱的滋养下茁壮成长的坚韧力量，正是开启成功阅读之门的金钥匙。

最终，个人的座右铭、生活的轨迹乃至人生的辉煌与挫折，无不镌刻着知识积累的痕迹；而人生的圆满与否，更在于我们能否深刻洞察自我，理解内心世界的浩瀚无垠。在阅读的旅途中，每一位旅者都能找到重塑自我的力量，明确在集体中的独特位置，进而开辟出一条通往成功与幸福、专属于自己的道路。

（一）课堂阅读学习

面对课堂阅读这片纷繁复杂而又多姿多彩的天地，我们应满怀敬意地致敬每一位阅读指导者的非凡角色与卓越贡献。他们不仅是学生综合素养的精心培育者，更是深刻洞察到这一培育过程对于塑造学生未来无限可能的至关重要与意义深远。阅读指导者们以敏锐的洞察力审视着学校环境的每一次微妙变迁，从浩瀚书海中汲取智慧甘霖，不懈探索阅读教育的深邃内涵与广阔发展路径，只为引领学生在成长的道路上稳健前行，促进他们的专业素养与个人品质的双重飞跃。

在课堂这一知识交汇与思想碰撞的圣殿中，阅读指导者以其匠心独运，精心编织着一段段引人入胜的学习之旅。他们巧妙地将"学"与"作"融为一体，让学生在实践中学会期待，在期待中激发内在的无限潜能。他们尤为注重学习方式的个性化与学习内容的深度整合，力求在知识传授与技能培养之间找到完美的平衡点，旨在培育出一批批既能融入社会大潮，又能独当一面、实现自我价值的复合型人才。

面对学生群体在智力、接收方式、语言表达、逻辑思维、人际交往、想象力及情感表达等方面的多元差异，阅读指导者们勇于突破传统框架的束缚，积极拥抱创新，采用一系列新颖而富有成效的教学策略。他们摒弃了单调乏味的填鸭式教学，转而根据学生的独特能力、学习风格及兴趣所向，精心打造出一个个生动有趣、充满活力的课堂阅读场景。在这里，每位学生都能找到属于自己的舞台，按照最适合自己的节奏翩翩起舞，绽放出最为耀眼的光芒。

为了确保阅读活动的广泛覆盖与深入参与，阅读指导者不辞辛劳，广开才路，精心搜集并整合了包罗万象的资源——从经典书籍到前沿网站，从生动视频到便捷电子书，旨在满足不同层次、不同兴趣学生的个性化学习需求。他们匠心独运，细致规划阅读任务的每一步实施细节，确保每位学生都能成为这场知识盛宴的积极参与者，并在与课程内容的紧密交织中深化理解，启迪智慧。

在阅读之旅中，阅读指导者始终如一地扮演着坚实后盾的角色，他们时刻准备着，为学生提供必要的支持与引导，确保每一位探索者在学习的征途上都能勇往直前，无惧风雨。

尤为值得一提的是，小组合作学习模式的巧妙融入，为课堂阅读注入了勃勃生机。学生们在自由选择的基础上，与志同道合的伙伴携手并肩，共同遨游于知识的海洋。阅读指导者深谙分组之道，依据学生的特性精心编排，既促进了学生间的深入交流与珍贵友谊，又确保了学习目标的顺利达成。他们鼓励学生运用肢体语言、网络媒介、图片展示等多种创意方式进行交流，让沟通的桥梁更加坚固，让思想的火花更加璀璨。

尤为引人瞩目的是，这种跨学习能力边界的分组策略，彻底打破了传统分组的桎梏，实现了优势互补与共同成长的双赢局面。在小组中，佼佼者自然而然地成了引领者，以他们的光芒照亮同伴的道路；而稍显逊色的学生，则在同伴的温暖鼓励与无私帮助下，逐渐找回自信，明确方向。这种相互扶持、共同进步的氛围，如同春风化雨，滋养着每一位学生的心田，让他们在最适合自己的节奏中，稳步前行，绽放光彩。

针对进度不一的学生群体，阅读指导者采取了差异化的教学策略。他们鼓励技能熟练的学生深入探索、扩大视野，并担任小组长的角色，带动后进学生共同进步；同时，也为后进学生提供了个性化的指导与支持，帮助他们克服阅读障碍、掌握阅读技巧。通过这种精准施策的方式，阅读指导者成功地促进了小组成员之间的共同进步与发展。

为了进一步提升学生的阅读兴趣与适应能力，阅读指导者还巧妙地利用了多样化的教学场所与教学方法。他们根据阅读内容的不同特点与学生的实际需求，灵活选择图书室、阅读室、电子阅读室、教室乃至户外空间等作为教学场所；同时，也采用了默读、朗读、分角色读、有表情读及动作辅助读等多种阅读方式，让学生在轻松愉快的氛围中完成阅读任务。

在摒弃题海战术与死记硬背的传统教学方式后，阅读指导者更加注重培养学生的细心观察、丰富想象、深刻理解、独立思考、合作学习及责任意识等优秀品质。在文学阅读的熏陶下，学生们不仅学会了如何理解和分析材料、学习新词汇及倾听他人意见；更在不断地实践与探索中，逐渐形成了自己的阅读风格与思维方式。

这一切成果的取得，都离不开阅读指导者的精心规划与不懈努力。他们通过积极细致的计划与反馈机制，引导学生学会自我准备与资料搜集；同时，也在不断地练习与反思中，鼓励学生积极阅读、合作交流并勇于表达自我。当学生们在阅读学习中取得优异成绩时，阅读指导者的辛勤付出便得到了最好的回报与肯定。他们将继续秉持教育初心与使命，为培养更多优秀的人才而不懈努力。

例1：一群学生精心挑选了《蝉》作为共读书目，他们共同制定了详尽的读书计划，携手步入了一场集体阅读的奇妙旅程。在这个过程中，他们不仅热烈讨论、激烈争论，更通过角色扮演的方式深入书中世界，以蝉或树的视角回答问题，阅读指导者则如同智慧的灯塔，为他们指引方向，激发思考。小组内，有学生化身为蝉，细腻地演绎着它们的诞生、地下生活的艰辛、蜕皮的壮丽以及鸣唱的悠扬；而扮演树的学生，则生动地模仿了树木在风中轻摇的姿态，以及在烈日下撑起一片绿荫的坚韧。这样的互动，不仅让学生们深刻理解了蝉的生活习性，更在情感上产生了共鸣，爱上了那短暂却响彻云霄的蝉鸣。通过角色间的交流与游戏，学生们在轻松愉快的氛围中学会了人际交往的技巧，逐步适应了小组这一微型社会的运作，实现了从学习者到社会人的华丽蜕变。

例2：在温馨而充满创意的绘画阅读课上，有这样一位学生，他初时仿佛置身于课堂秩序的边缘，沉浸在自己随性挥洒的涂鸦世界中，每一笔都透露出不羁的想象。然而，阅读指导者以她敏锐的洞察力，发现了这位学生心中对花朵那份与众不同的热爱与无尽的好奇。

指导者以智慧为笔，轻轻勾勒出一座桥梁，巧妙地邀请他分享那些隐藏在涂鸦背后的"花朵秘境"。起初，他略显羞涩，如同含苞待放的花蕾，但随着对花朵深情讲述的展开，那份羞涩瞬间被对自然之美的热烈所淹没。

他的话语如同潺潺溪流，流淌出花朵的千姿百态、自然属性的奥秘与他对它们无尽的向往。这一幕，不仅赢得了同学们由衷的掌声，更为他心灵的田野播撒下了自信的种子。

见状，阅读指导者更是锦上添花，提议他加入自然探索小组，仿佛为他打开了一扇通往更广阔世界的大门。她鼓励他，将这份对花朵的炽热情感与独特技能，如同春日里播撒的种子般，移植到绘画课的每一寸土壤上，让它们在更多领域生根发芽，绽放出更加绚烂的花朵。

在指导者的悉心引导与自身不懈努力下，这位学生仿佛脱胎换骨，不仅在自然课上展现出了前所未有的热情与洞察力，在绘画课上的表现也日新月异。他的画作，从最初的随性涂鸦，逐渐蜕变为一幅幅精致动人的自然画卷，每一朵花朵都栩栩如生，每一片叶子都蕴含着生命的律动。他的进步，如同春日里绽放的花朵，不仅点亮了自己的世界，也温暖了周围每一个人的心房。

例3：在"创意无限，动手筑梦"的课堂阅读小组里，阅读指导者以纸拉花艺术为钥匙，轻轻旋开了通往创意与欢乐殿堂的大门。面对初次邂逅这门古老而又新奇的技艺的学生们，指导者先是以一场精妙绝伦的示范，如同魔术师般，将平凡的纸张化腐朽为神奇，瞬间绽放成一朵朵绚烂的拉花，令在场众人目不暇接。

随后，这股创意的浪潮迅速席卷开来，几位满怀激情的学生跃跃欲试，紧跟指导者的步伐，开始尝试着将手中的纸张编织成梦。随着手指的翻飞与纸张的舞动，一张张普通的纸张仿佛被赋予了生命，逐渐蜕变成五彩斑斓、形态各异的拉花，将整个教室装点得如同童话世界，洋溢着前所未有的生机与活力。

这股创意的洪流不仅激发了学生们对美的追求，也悄然改变了一些原本可能对事物抱有破坏倾向的心灵。他们被这份来自指尖的魔法深深吸引，纷纷放下成见，加入到这场创意的盛宴中来，共同编织着属于自己的梦想之花。

最终，在欢声笑语与成就感交织的海洋中，学生们不仅掌握了拉花制作的精髓，更在动手实践的过程中深刻体会到了美术那跨越言语、直击心灵的独特魅力。更重要的是，他们学会了在团队中携手并进，共同创造美好，这份宝贵的经历将成为他们人生旅途中一颗璀璨的明珠，照亮前行的道路。

例4：面对一位因表达障碍而暗自神伤的女生，阅读指导者以非凡的耐心与深邃的智慧，为她铺设了一条通往自信表达的温柔路径。他细心地选取了最基础的词汇作为起点，如同园丁精心培育幼苗，一步步引导她深入语言的海洋。随着学习的深入，句子的结构逐渐变得复杂而富有层次，修饰成分的巧妙加入，更是让文字间流淌出细腻的情感与丰富的意境。

在这个过程中，女生的词汇量如同春日里的花朵，悄然绽放，日益丰盈；她的表达，也日渐准确而生动，仿佛找到了那把开启心灵之门的钥匙。从最初的静默不语，到鼓起勇气轻轻举起手，再到后来积极投身于集体讨论的热烈氛围中，她一步步跨越了内心的障碍，找到了属于自己的声音。

阅读指导者始终陪伴在侧，用持续不断的正面反馈与温暖鼓励，为她搭建起一座座自信的桥梁。在她的世界里，每一次尝试都被视为宝贵的成长，每一份努力都被赋予了无限的价值。就这样，在时间的见证下，女生在语言表达的道路上取得了令人瞩目的进步，她的每一次发言都闪耀着自信的光芒，成了课堂上一道亮丽的风景线。

例5：在生活的风雨中，一位出身贫寒学子的心，曾因父母忙碌身影后的疏忽而蒙上了一层薄雾，怨怼之情悄然滋生。但命运的转折，悄然发生在一次心灵的阅读之旅中。随着一页页家庭故事的翻阅，他仿佛穿越了时空的隧道，亲眼看见了父母为生活奔波的辛劳与不易。这份深刻的共鸣，如同温暖的阳光穿透云层，照亮了他心中的每一个角落，让他学会了换位思考，体会到了父母的艰辛与伟大。从此，他的心中种下了体谅与感恩的种子，并逐渐生根发芽，驱散了往日的阴霾。

他主动站了出来，用稚嫩的肩膀扛起了家庭的责任与重担，用实际行动诠释着成长的意义。回到学校，他的脸上洋溢着前所未有的幸福光芒，每一次分享家庭的温馨变化与个人的成长轨迹，都如同春风化雨，滋润了周围每一个人的心田。这份真诚与正能量，迅速汇聚成一股强大的力量，赢得了同学们的广泛共鸣与支持，让他深切感受到了集体的温暖与团结的力量。

在这场阅读盛宴的背后，是阅读指导者们智慧与汗水的结晶。他们如同航海家，精准把握着学生的航向，根据学生的实际情况灵活调整教学策略与方法，确保每位学生都能在阅读的海洋中乘风破浪，收获满满。通过多样化的检验方式，他们不仅关注学生的阅读成果，更注重其过程中的成长与蜕变。同时，他们保持着对教育事业的无限热爱与追求，不断向教育专家求教，以开放的心态接纳新知，致力于阅读活动的持续优化与升级。

最终，在这场阅读之旅的终点，学生们不仅收获了丰富的知识与能力，更学会了珍惜、感恩与成长。他们的故事，如同璀璨的星辰，照亮了彼此的人生道路，也激励着后来者继续前行，在阅读的海洋中探索未知、追寻梦想。

（二）阅读学习情况记录技巧

通过分类、描述、结果、填空法了解参加学生阅读活动状况，有时加入补充说明；通过分析和调节学生的学习记录，发现阅读活动对学习有何影响、怎样影响，并分析、讨论确定以后的阅读学习活动里将做什么、怎么做。阅读指导者注意对学生少用"不行""讲得不好"等言辞，而使用"有进步""发挥得很好""很好"等鼓励性词语，让一部分后进生也能不断努力和进步。

例如学生的阅读状况描述，为以后学生阅读学习提供信息情况，便于阅读指导者及时反馈和采取有利于课堂阅读的行动和对策：

分数	阅读情况描述
6	通过学生讲述，显示学生对阅读资料有过深入思考、分析、总结，有全面和独到的理解。 能够依托上下文语境，理解词语的含义和意义。 从目录、图表中获得关键信息和内容的细节。
5	通过学生讲述，显示学生对阅读资料有过思考、分析、总结，有部分深入的理解。 能够从资料的特定情境中理解词语和句子的含义和意义。 从目录、图表中获得加深的理解。
4	通过学生讲述，显示学生对阅读资料有过思考、分析、总结，有较好的理解。 能够通过资料的重要细节有所理解。 从目录、图表中形成一定的总结。
3	通过学生讲述，显示学生对阅读资料有过思考、分析、总结，但部分理解、有不流畅的理解。 在一些小细节上有所理解，忽略一些重要的细节。 从目录、图表中忽略一些重要细节。
2	通过学生讲述，显示学生对阅读资料有过思考、分析、总结，但看法不连续、不准确。 碎片化或不相关的结论。 无法从目录、图表等处获得帮助。
1	通过学生讲述，显示学生对阅读资料没有过思考、分析、总结，没有正确的结论。 不能理解含义，呈现消极状态。
0	通过学生讲述，显示学生对阅读资料未学习。

（三）阅读学习的反思

阅读指导者深思熟虑地回顾了小组阅读活动的各个环节，致力于精准剖析其中存在的问题与潜力空间。在这一过程中，他们不仅细心观察，更通过精心设计的提问，深入探索每位学生的内心世界与学习轨迹。这一细致入微的审视，旨在全面了解每位学生在阅读旅程中的收获与成长。

阅读指导者聚焦于几个核心维度，以评估学生的阅读成效与学习状态：首先，他们关注每位学生是否真正从阅读中汲取了养分，不仅理解了文字的表面意义，更触及了深层内涵，激发了对知识的渴望与兴趣；其次，他们询问学生是否能够将所学知识灵活应用于实际情境中，实现知识的迁移与价值的升华；再者，团队合作的力量也是考察的重点，阅读指导者关注学生们是否能够在小组中相互学习、共同进步，培养了良好的协作精神与社交技能；最后，独立学习与自主阅读的能力同样不可或缺，他们鼓励学生形成独立思考的习惯，享受独自探索知识的乐趣。

通过这一系列深刻而全面的反思，阅读指导者不仅能够准确把脉当前阅读活动的优势与不足，更为未来促进学生阅读学习、强化实践应用指明了方向。他们将以此次反思为契机，不断优化教学策略，创新阅读活动形式，努力营造一个更加积极、高效、富有成效的阅读学习环境，让每一位学生都能在阅读的海洋中自由翱翔，茁壮成长。

（四）个性化阅读学习

1. 基础理论的重塑与深化

自古以来，个性化教学的理念便在中西文化的璀璨星河中熠熠生辉。中国的先贤孔子与古希腊的哲人苏格拉底，均以其深邃的思想洞见，倡导并实践了个性化教学的理念，为后世教育家尊重与发展学生个性的呼声奠定了基石。法国启蒙思想家卢梭，更是将人的个性自由与解放视为教育的核心，而马克思主义亦强调个体全面而自由的发展，这一理念跨越时空，在全球范围内产生共鸣。美国教育体系则以其个性化、特色化、多样化的教育特色，引领着全球教育创新的风向标。在中国，邓小平同志提出的素质教育理念，如同春风化雨，滋养着教育改革的沃土，推动素质教育在中国大地上蓬勃发展。

进入 21 世纪，我国基础教育课程改革的全面铺开，明确将设计个性化的教育方式纳入其宏伟蓝图之中。这不仅是对后进生学习提升的深切关怀，更是对教育形态的一次深刻变革，将网络教育与终身教育纳入教育体系，旨在挖掘并激发学生的内在潜能，全面提升学习者的综合素养与个性魅力。

随着网络智能与大数据时代的到来，个性化学习迎来了前所未有的发展机遇。瑞士心理学家皮亚杰关于儿童认知结构发展的四阶段理论，为我们揭示了学生思维活动的独特规律，强调了学习主动性的重要性。现代研究进一步证实，每个学生都蕴藏着一种或多种优势智力，通过因材施教，我们能够帮助他们发展专长，实现自我超越，成为各自领域的佼佼者。因此，教师在教学实践中，应更加注重学生的认知结构与情感需求，致力于健全学生的人格发展。

终身学习，作为个体生存与社会和谐发展的基石，已成为时代的必然选择。它要求我们摒弃被动、机械的学习方式，转而追求一种自主、独立、和谐的成长路径。在阅读指导中，教师扮演着引导者的角色，通过激发学生的阅读兴趣，培养他们逐步走向自主阅读的道路。面对学生间广泛存在的个体差异，我们应采取多样化、弹性化的教学策略，辅以交流反馈调节机制，让学生在学会学习、工作与生活的同时，也能保持并发展其独特的个性。

个性化阅读学习，正是素质教育理念在阅读领域的生动实践。它以学生为本，尊重并珍视每个学生的独特性与差异性，通过阅读任务的精心设计与教师的适时鼓励，营造出浓厚的阅读氛围，让学生在尝试与挑战中不断成长，形成良好的阅读习惯。在这一过程中，我们既要追求标准化的教学质量，也要呵护并发展学生的个性化特点，实现标准化与个性化的和谐共生。

学生的阅读世界丰富多彩，从书籍、杂志、报纸到电视、收音机、录音机，从听故事到看故事，多样化的阅读形式与方法满足了不同学生的需求。阅读指导者须敏锐观察学生的兴趣所在，无论是直接的"悦读"体验，还是基于特定阅读目的的兴趣激发，都能成为推动学生阅读活动顺利进行的有效动力。最终，我们期望通过个性化阅读学习，让每个学生都能在阅读的海洋中自由翱翔，绽放出属于自己的独特光彩。

2. 个性化阅读学习的深度指导策略

在阅读之旅的每一站，阅读指导者不仅是航标的守护者，更是氛围的营造者。他们巧妙地引领学生们穿梭于多样化的阅读方式之间——从静默的默读到生动的朗读，从精深的思考到心灵的拓展，每一次翻页都伴随着学生与知识的共同成长。

在阅读的征途中，指导者擅长以问题为钥，开启学生思维的宝库。从"谁是文章的作者？"到"文章的意义何在？"——一系列精心设计的提问，如同阶梯般引导学生逐级攀登，由浅入深地探索阅读的奥秘，激发他们的求知欲与思考力，让思维之花在阅读的土壤中绚丽绽放。

师生互动的桥梁，在此刻更加坚固而灵活。跨学科的自由阅读，让师生在创新的海洋中共同遨游，阅读与创新相互交织，形成一股不可阻挡的力量。无论是小团体的默契配合，还是班级乃至跨学年的集体协作，阅读指导者都能精准把握个别化辅导与集体阅读的平衡，既促进个体的自主阅读，又提升集体的阅读效能，让每位学生在适合自己的节奏中茁壮成长。

阅读目标的设定，是指导者智慧的体现。从集体目标到个性化目标的精细划分，既保证了整体的阅读水准，又兼顾了个体的差异与发展。这种因人而异的策略，如同为每位学生量身定制的成长路径，让他们在集体的温暖与个体的挑战中并肩前行，共同迈向阅读的巅峰。

在阅读的世界里，没有绝对的答案，只有多元的理解与思考。阅读指导者以开放的心态，鼓励学生表达自我，完善不足，理解并尊重每一个独特的声音。在和谐共进的氛围中，学生们学会了从自身特点出发，探索最适合自己的阅读之道，让阅读成为生活中不可或缺的一部分，乐此不疲，追求卓越。

为了更好地引领学生，阅读指导者还须与外界紧密合作，争取多方支持。与授课教师、领导的紧密沟通，为阅读活动争取到资金与环境的支持；与家长的默契配合，形成家校共育的良好局面；同时，充分利用社会资源，倡导开放性阅读，构建起学校、家庭、社会三位一体的阅读生态。

集体阅读活动，如同一场盛大的思维盛宴。学生们在这里自由挥洒，根据自己的思维、经验和特长，灵活参与，享受阅读的乐趣。而阅读内容的针对性，则让学生在社会实践中丰富阅读体验，在阅读指导者的引导下不断得到激励与锻炼。

此外，阅读指导者还巧妙地将阅读与学生的学科学习相结合，使阅读活动更加贴近学生实际，更具针对性。这一举措不仅赢得了学校的支持，更为阅读活动的深入发展开辟了广阔的空间。

随着计算机技术与网络的飞速发展，阅读活动迎来了新的机遇与挑战。网络资源的丰富多样，为学生个性的追求提供了无限可能。自由灵活的阅读时间、便捷的阅读记录与反馈机制，让阅读指导者能够更加精准地把握学生的阅读动态，及时调整教学策略。而计算机技术的辅助，更让阅读活动焕发出新的生机与活力，推动着教育观念的持续更新与发展。

作为阅读活动的引领者，阅读指导者须具备全面的能力素养。从规划阅读流程到掌控阅读活动，从协作反馈到调节优化，每一步都须精心策划、周密安排。只有这样，才能确保阅读活动的顺利进行，让学生在阅读的海洋中自由翱翔，收获知识与成长的双重喜悦。

3. 个性化阅读学习的多元化评价体系

在阅读活动的全周期中，构建一套科学而全面的评价体系至关重要，它不仅是调整阅读策略、优化活动效果的指南针，更是促进学生阅读能力提升与个性发展的催化剂。阅读评价，作为阅读旅程中的一面明镜，既映射出学生的成长轨迹，也指引着他们未来的阅读方向。

阅读评价不仅关注活动的即时成果，如目标达成度、学生阅读水平的跃升，更深刻剖析阅读过程中的得与失，为后续的阅读活动积累宝贵经验。它要求阅读指导者细致入微地观察每一位学生的进步轨迹，挖掘其潜在优势，同时识别并引导其改进不足之处。通过评价，学生得以自我审视，明确在阅读道路上的成长与挑战，从而更有针对性地发挥优势、弥补短板，逐步形成独特的阅读风格与偏好。

评价体系的构建秉持多元化原则，融合多方视角与多种形式。阅读指导者、学生自评与互评、教师、领导、家长乃至专家共同参与，形成全方位、多层次的评价网络。评价方式灵活多样，既有集中统一的评价，也有分散灵活的反馈；既有校内的即时交流，也有校外的专业审视；既有阶段性的小结，也有终结性的总结。通过测试、口头表述、小组讨论、阅读竞赛、作文创作、研究展示等多种渠道，全面激发学生的阅读潜能，促进其个性的自由发展。

阅读指导者在评价过程中扮演着至关重要的角色，他们须保持高度的敏感性与洞察力，运用心理学、方法论等专业知识，全面而客观地分析学生的阅读状况。同时，积极拥抱科技力量，如利用计算机技术高效整理与分析测试数据，为阅读活动的持续优化提供科学依据。他们拒绝传统的"填鸭式"阅读模式，倡导自主探究、反思与创新的阅读理念，鼓励学生成为阅读的主人，享受阅读带来的乐趣与成就感。

对于阅读活动中的后进生，评价体系尤为关注。通过实施个性化的辅导策略与激励措施，帮助他们逐步建立阅读信心，提升阅读技能，最终融入集体的阅读步伐。此外，评价体系还强调对阅读活动的动态调整与创新，拒绝形式主义的阅读方式，确保每一次阅读活动都能成为学生成长道路上的精彩篇章。

总之，个性化阅读学习的多元化评价体系旨在通过科学、全面、灵活的评价手段，激发学生的阅读兴趣与潜力，促进其阅读能力的全面提升与个性的自由发展。它不仅是阅读活动的总结与反思，更是学生未来阅读旅程的启航点。

4. 个性化阅读学习实践案例

在当今教育的版图中，素质教育、创新精神与独立能力如同三颗璀璨星辰，引领着教育前行的方向。特别是在英语阅读领域，我们摒弃了传统的填鸭式教学，转而采用情境阅读法，让阅读变得生动有趣，充满角色代入感与互动性。这种方法不仅激活了学生的阅读兴趣，更培养了他们在不同语境中自主解决问题的能力，实现了从"要我学"到"我要学"，再到"我能学"的华丽转身。学生成了学习的主体，阅读不再是负担，而是探索未知、享受思考的旅程。

在这一过程中，阅读指导者的角色至关重要。他们如同灯塔，照亮学生前行的道路，教会他们"渔"之技能，而非仅仅提供"鱼"之成果。这种转变不仅减轻了指导者的负担，更激发了学生的自立精神与创新潜能，使他们能够紧跟时代步伐，勇于开拓未来之路。

值得注意的是，情境阅读法的开放性与多样性为阅读活动注入了无限生机。学生们在阅读中仿佛身临其境，与故事中的人物同呼吸共命运，从而更深刻地理解文本内涵，多角度、多层次地探讨其意义。阅读，因此成了一种鲜活的生活体验，引人入胜，动人心弦。

在众多阅读爱好者中，"小红靴"——一位外贸英语班的英语课代表，以其独特的魅力和不懈的努力脱颖而出。她总爱穿着那双醒目的红色小短靴，频繁出入阅读室，沉浸在英语杂志与报纸的海洋中，一坐便是数小时。她的热情与专注，不仅体现在对英语的热爱上，更体现在与阅读指导者的亲切交流中，从校园生活到英语学习心得，无话不谈。小红靴的开朗、大方与乐于助人，让她成了阅读室的一道亮丽风景线，也赢得了指导者的深厚信任与喜爱。

在指导者的悉心引导与小红靴自身的努力下，她不仅在学业上取得了优异成绩，更在品格修养上展现出了非凡的素养。毕业之际，她以优异的成绩被保送至更高学府深造，离别之际，对母校与阅读指导者充满了感激之情。时间流转，当她再次回到母校探望时，那份成熟与自信让人眼前一亮，她与指导者之间的深厚情谊，也成为校园里一段温馨而美好的佳话。

小红靴的成长故事，是个性化阅读学习理念成功实践的生动写照。它告诉我们，当阅读成为一种享受，当学习成为一种自觉，学生便能在知识的海洋中自由翱翔，成就更加辉煌的未来。

在菏泽这片充满生机的土地上，孕育了一位活泼灵动的女学生——"小菏泽"。她的教室紧邻阅读室的温馨角落，这份近水楼台的便利，加之对阅读的无限热爱与对知识的渴望，让她成了阅读室的常客。每当发现心仪的书籍或资料，小菏泽总是如获至宝，即便一时难以尽兴，也会礼貌地向阅读指导者借阅，并在约定时间内完璧归赵。这份对书籍的珍视与守时归还的诚信，让她在阅读指导者心中赢得了良好的信誉，甚至享有特权，能够将珍贵资料带回教室或宿舍细细品味。随着时间的推移，小菏泽与阅读指导者之间建立起了深厚的友谊，每逢佳节，她总不忘亲手制作贺年卡，虽轻却情意重，传递着对老师的感激与祝福。

阅读指导者不仅是知识的引路人，更是心灵的导师。面对小菏泽与同学间的小小摩擦，他总能以长者的智慧与耐心，倾听双方心声，化解误会，让友谊之花在理解与包容中绽放。毕业后，小菏泽投身房地产业，但那份对阅读的热爱与对指导者的感激之情始终未变，她时常回校探望，成为阅读室的铁杆粉丝，用实际行动诠释着阅读的力量。

随着学校中职教育的拓展，阅读指导者的生活又添新色彩。他的一位好友侄女，一个文静内向的女孩，悄然走进了阅读的世界。尽管性格内向，但她与阅读室的缘分却非同一般。她的好友们，尤其是那位个性鲜明、热爱足球的"小豆豆"，更是阅读室中的一抹亮色。小豆豆的活泼开朗，在集体阅读中犹如一股清风，她总是积极发言，用幽默风趣的话语调节气氛，让阅读时光充满欢声笑语。阅读指导者慧眼识珠，任命她为阅读组长，她不仅欣然接受，还以高度的责任感与组织能力，引领班级阅读活动有序进行，成为大家公认的领头羊。

在学校朗读比赛中，小豆豆更是大放异彩。在阅读指导者的精心指导与支持下，她凭借出色的表现荣获第二名，虽然略有遗憾，但这份荣誉无疑是对她努力与才华的最好肯定。阅读，不仅为她插上了飞翔的翅膀，更让她在学习的各个领域都有所斩获，为人生添上了浓墨重彩的一笔。

正如梁启超先生所言："少年智则国智，少年富则国富；少年强则国强……"阅读，正是那把开启智慧之门的钥匙，它让青春年少的学子们拥有了飞翔的双翼，不仅培养了良好的阅读习惯，更在潜移默化中触类旁通，于学习的广阔天地中自由翱翔。阅读之光，照亮了他们的前程，也照亮了国家的未来。在这片充满希望的土地上，少年们正如红日初升，其道大光，正以蓬勃的朝气与不懈的努力，书写着属于自己的辉煌篇章。

第四章　关于阅读教育的阅读指导者

在阅读的浩瀚宇宙里，阅读指导者与阅读者携手编织了一幅前所未有的和谐画卷，这画卷的底色是尊重、理解、深切关怀、坚定信任、平等对话与开放交流的绚烂色彩。当阅读者沐浴在指导者那温暖如春日阳光般的爱心与无条件支持的怀抱中，他们的心灵仿佛被一股无形的、充满正能量的春风轻轻拂过，自然而然地绽放出积极向上、意气风发的姿态。

在这片洋溢着正能量的田野上，阅读者不再是被动接受灌溉的幼苗，而是化身为勇敢的探险家，满怀激情地跃入阅读的深海，以敏锐的触角触摸每一个文字背后的灵魂，用满腔的热情和无尽的专注，解锁每一个故事的奥秘。这股源自内心深处的阅读驱动力，如同汩汩清泉，不仅滋养了个人知识的沃土，更汇聚成一股强大的力量，构建起一个充满生机、创意四溢的阅读共同体。

在此过程中，阅读指导者作为这新型关系中的灵魂人物，其地位无可替代。他们是知识的灯塔，照亮阅读者前行的道路；更是心灵的灯塔，用爱心与智慧为阅读者点燃内心的火焰，激发他们探索未知、超越自我的无限潜能。在他们的引领下，阅读之旅不再孤单，而是一场场精彩纷呈、意义深远的自我发现与成长的旅程。

一、基本要求

在阅读活动的广阔天地里，为人师表的阅读指导者，应当秉持着高尚的师德风范，拥有坚实而明确的职业理想，如同灯塔一般照亮阅读者前行的道路。他们不仅要对阅读者满怀深情，对阅读活动充满热爱，还应对社会成员怀有广泛的善意与责任感，这不仅是其个人魅力与人格光辉的体现，也是构建与同行及社会各界和谐关系的重要基石。

阅读指导者，作为知识的引领者与心灵的导师，应始终保持着对工作的热情与执着，勇于追求进步与成功，将强烈的事业心和职业责任感融入日常的每一分耕耘之中，甘于奉献，不辞辛劳。他们须以严谨的态度和作风，结合出色的业务能力与创新精神，为阅读者提供高质量的指导与支持。

在阅读活动的实践中，阅读指导者肩负着提升阅读者身心素质、促进全面发展的重任，他们将传播人类文明视为己任，致力于通过阅读这一桥梁，连接过去与未来，智慧与梦想。面对经济高速发展的时代背景，阅读指导者深刻认识到阅读实践与经济发展的紧密关联，积极引导阅读者将知识转化为推动社会进步的力量，助力他们更好地融入社会、建设国家，共同振兴中华。

尤为重要的是，阅读指导者高度重视阅读者的品德教育，将其置于阅读教育的核心地位。他们深知，唯有具备良好的道德品质，阅读者方能成长为对社会有益、有责任感的公民。在素质教育改革的大潮中，阅读指导者巧妙地将德育、美育、体育、劳动教育等融入阅读活动之中，力求培养全面发展的复合型人才。

同时，阅读指导者还擅长发现并鼓励阅读者的独特才能，助力他们脱颖而出；同时，也不忘关怀与帮助那些在学习上遇到挑战的阅读者，确保每位阅读者都能在充满创意与活力的阅读环境中茁壮成长。他们精心设计的阅读活动，不仅内容丰富、形式多样，更蕴含着积极向上的精神风貌，激励着每一位阅读者勇往直前，追求卓越。

二、德育要求

在阅读的浩瀚殿堂里，每一位阅读指导者都应是自我品德修炼的虔诚旅者，不懈追求着心灵的完美与升华。品德，这一融合了社会经纬与历史深邃的瑰宝，不仅是个人与社会和谐共舞的旋律，也是人与人之间温情纽带的坚实基石，更是内心自我雕琢与超越的光辉印记。它如同一面清澈的明镜，映照出阅读指导者以社会责任感和道德情操为尺，洞察世界、理解人生的深邃与广博。

品德，实为人格魅力的璀璨绽放，一个生生不息、与时俱进的体系。其光华，源自道德动机的纯净与高尚，囊括了道德认知的深邃洞察、道德情感的纯真流露、道德意志的坚韧不拔以及道德行为的笃实践行。阅读指导者须敏锐捕捉社会道德风尚的脉动，将其精髓内化为自身品德的养分，勇于在时代的浪潮中树立新的道德航标，避免在故步自封中失去前行的方向。

同时，他们将内在的道德光辉外化为行动的力量，在社会实践的广阔天地中绽放道德之花，实现自我价值与社会进步的和谐共鸣。这一过程，得益于不断的反馈与深刻的反思，它们如同双翼，助力阅读指导者在品德修行的征途上振翅高飞，不断攀越新的高峰。

针对阅读者的独特年龄阶段与个性化成长需求，阅读指导者应匠心独运，设计丰富多彩的阅读活动，巧妙融入品德教育的精髓，如春雨般润物无声地滋养着每一颗年轻的心灵，促进其品德的茁壮成长与良好习惯的养成。在阅读小组这个温馨的大家庭里，树立品德的灯塔，以榜样的力量引领阅读者向往真善美，激发内心向善向美的力量。

面对阅读者在品德成长中可能出现的偏差与挑战，阅读指导者应展现出无尽的耐心与深邃的智慧，细致入微地剖析问题根源，以阅读为舟，以引导为帆，帮助他们在知识的海洋中逐步校正航向，培育出勤奋、踏实、坚韧、宽容、乐观等宝贵品质。这些品质如同璀璨星辰，照亮阅读者的前行之路，不仅提升了他们的阅读效率与质量，更让这段阅读之旅成了一场智慧与品德交相辉映的壮丽航行。

三、知识储备等要求

在精心策划与实施阅读活动的艺术殿堂中，阅读指导者首先须铸就坚实如磐的专业知识基石，这是确保阅读航船扬帆远航、无惧风浪的先决要素。他们不仅是知识的灯塔，更是引领者，秉持着终身学习的璀璨理念，不断拓宽知识的疆域，以浩瀚无垠的学识为舵，引领每一位阅读者驶向全面成长与高质量发展的彼岸。

更进一步，阅读指导者如同巧匠，灵活运用多元化的阅读策略，细致入微地观察每一位阅读者的独特之处，因材施教，确保每位航行者都能在最适合自己的节奏与方法中，悠然自得地穿梭于书海之间，尽享阅读之乐，收获智慧之果。

尤为关键的是，阅读指导者还须深谙教育科学与心理科学的奥秘，以科学之光为引，精准洞察阅读者的心灵需求与成长状态，如同高明的航海家，依据风向与潮汐，在阅读活动的广阔舞台上实施精准而个性化的指导。这样的指导，如同为阅读者量身定制的航海图，让他们在系统的指引与个性化的支持下，有条不紊地完成阅读任务，深化理解，高效吸收，让每一次阅读都成为一次心灵的洗礼与智慧的升华。

在阅读之旅的每一段航程中，阅读指导者亦须化身为自省者，深刻审视并反思自身的教育理念之根、能力之翼、兴趣之光、动机之源及情绪之海，对阅读活动的蓝图规划、精细执行、丰硕成果及全面评价，进行一场无死角的审视与灵活的调整。这是一场自我驱动的反馈循环，通过不懈的自我反馈与精准调节，不断优化时间管理的艺术、方法选择的智慧、内容安排的匠心以及活动措施的创意，确保阅读活动在自我监控与动态修正中稳健前行，最终实现阅读成效的最优化绽放。

阅读指导者应深刻理解，阅读活动既是严谨技术的精妙展现，又是创意艺术的璀璨创造。在这片交织的天地里，他们须心怀明镜，清晰地审视七大核心灵魂之问：阅读任务与目标是否如灯塔般明确而有效，引领航向？是否如春风化雨，激发了阅读者情感的共鸣、行动的勇气和思维的火花？是否如舵手般稳健，始终紧贴阅读主题的航道，避免任何偏离？阅读活动是否如同肥沃土壤，真正滋养了阅读者素养与素质的茁壮成长？是否每位阅读者都如星辰般璀璨，全心投入，积极参与这场知识的盛宴？阅读者是否拥有了敏锐的洞察力，能自主发现并调整阅读征途中的小插曲？而阅读指导者，是否能以清晰流畅的笔触，绘制出活动成果的斑斓画卷，为未来阅读实践的探索铺设坚实的基石？

唯有如此，阅读指导者方能在技术与艺术的交响乐章中，成为那位引领者，携手阅读者共同启航，穿梭于一本本书籍构建的浩瀚宇宙，开启一段段深刻隽永、心灵共鸣的阅读之旅，让每一次翻阅都成为生命中最宝贵的成长印记，照亮彼此的心灵之路。

四、兴趣理论

在阅读的浩瀚星海中，阅读指导者犹如璀璨的北极星，引领着每一位探索者踏上一段段寻觅未知、启迪心智、愉悦灵魂的非凡旅程。阅读，这生命之树上最为璀璨的果实，非但不是应试教育的附庸，更是通往无垠世界与无限可能的神秘钥匙，它赋予每位阅读者无尽的热情与勇气，去揭开世界的层层面纱，编织属于自己的辉煌篇章。

在字里行间穿梭，我们学会了共情与理解的艺术，得以跨越时空的鸿沟，与古今中外的智者进行心灵的对话，汲取他们跨越世纪的智慧之光与灵感之源。不论是纸质书页间飘散的淡淡墨香，还是电子屏幕中光影交错的视觉盛宴，皆是通往知识圣殿的神奇通道，让阅读者沉浸其中，乐此不疲，享受一场场精神的饕餮大餐。

阅读指导者以其独到的眼光与匠心，精心挑选每一份阅读材料，它们如同甘露，滋养着阅读者干涸的心田。从《百家姓》中流淌出的韵律之美，到《唐诗宋词》里蕴含的深邃意境，再到世界文学宝库中的经典之作，每一部作品都是一次心灵的邀约，引领着阅读者踏上一段段心灵与智慧交织的奇妙旅程。

为了让阅读成为生活不可或缺的旋律，阅读指导者倡导将碎片时间化为阅读的黄金时刻，让这份乐趣如影随形，无处不在。同时，他们精心营造的阅读环境，既充满挑战又饱含温情，确保每位阅读者都能在最适合自己的节奏中茁壮成长，绽放独特的光彩。

而家庭，作为阅读的温馨港湾，更是扮演着不可或缺的角色。父母以身作则，与孩子并肩坐在书海之畔，共读经典，同赏佳作，不仅传递了知识的火种，更在孩子心中种下了热爱阅读的种子。他们，是孩子成长路上最坚实的后盾，也是孩子心中永远的榜样与引路人。

阅读，远非文字层面的浅尝辄止，它是跨学科智慧碰撞的火花，是知识边界不断拓宽的壮丽航程。观赏纪录片《雷锋》，不仅是历史长河中的一次温柔回望，更是一次触及灵魂的深刻洗礼。阅读指导者以其前瞻性的讲解与启发式的讨论，引领阅读者潜入历史的深邃，让往昔的故事跃然心间，为课堂学习披上了一袭生机盎然的绿衣。

而博物馆、科学馆乃至大自然的壮丽画卷，则化身为阅读实践的璀璨舞台。阅读者在这里，以脚步为笔，以心灵为墨，将理论与实践巧妙融合，每一次驻足、每一回凝视，都是对未知世界的勇敢叩问与深情对话。阅读指导者如同智慧的灯塔，适时点亮思维之光，鼓励阅读者勇于发问、乐于分享，让每一次探索都成为一次灵魂的触动，一次知识的狂欢。

"海底世界"的奇幻之旅，更是将阅读的边界推向了无垠的蔚蓝。在这里，文字与生命共舞，阅读者与海洋生物进行了一场跨越物种的心灵对话。每一次细致入微的观察、每一次深邃悠远的思考，都是对宇宙奥秘的无畏探索，是智慧与勇气并存的壮丽篇章。

总而言之，阅读是一场永不落幕的旅行，它让我们在知识的海洋中乘风破浪，自由翱翔；在生活的舞台上，我们因阅读而更加自信地演绎着属于自己的精彩角色。阅读指导者，便是这旅途中最温暖的灯塔，他们以无尽的光明与智慧，照亮阅读者前行的道路，引领着他们向着更加丰富多彩、深邃迷人的人生彼岸勇敢前行。

五、具体实践中注意几点

在引领阅读者遨游浩瀚书海的壮丽航程中，阅读指导者无疑是那盏最耀眼的灯塔，其角色之关键，无可替代。为了让阅读之旅成为一场吸引人心、激发潜能的盛宴，阅读指导者须精心雕琢以下几大核心要素：

　　首先，阅读指导者应以身立教，展现出一个既专业又亲和的典范形象。他们着装整洁，举止大方，情绪饱满，如同晨曦中的第一缕阳光，温暖而充满活力。通过自然而流畅的肢体语言，他们与阅读者建立起一座座心灵的桥梁，让互动变得自然而温馨。其指导语言，既精准贴合阅读脉络，严谨科学，又不失温柔与亲近，如同细雨润物，滋养心田。语言简明扼要，逻辑如丝般顺滑，既能启发思考，又重点突出，更在字里行间洋溢着生动与趣味，瞬间点燃阅读者心中的好奇之火，引领他们勇敢探索未知的领域。此外，语言的优美流畅，更是对阅读者语言鉴赏力的细腻培育，助力他们圆满完成每一次阅读之旅。

　　其次，板书作为阅读活动的视觉盛宴，其设计与运用同样至关重要。阅读指导者以匠心独运，将阅读任务、方法、要点及重难点巧妙融入板书之中，内容清晰准确，布局错落有致，既彰显了科学的严谨，又不失艺术的韵味。那些醒目的文字与符号，如同夜空中最亮的星，引领阅读者快速锁定关键信息，把握阅读要点。在板书的过程中，阅读指导者更是灵活运用色彩与形状，边写边思，动态调整，以视觉的盛宴强化阅读者的记忆与理解，让知识在脑海中留下深刻的印记。

　　最后，面对阅读活动中可能遇到的挑战者——后进生，阅读指导者展现出无尽的耐心与智慧。他们秉持因材施教的教育理念，如同园丁般细心呵护每一株幼苗的成长。通过个性化的指导策略，他们激发后进生的阅读兴趣，帮助他们逐步跨越阅读的障碍，提升阅读能力。在这个过程中，阅读指导者不仅是知识的传递者，更是心灵的引路人，他们用自己的行动诠释着教育的真谛，确保每位阅读者都能跟上集体的步伐，共同享受阅读带来的乐趣与成就感。

　　在推动阅读任务迈向高效完成的征途中，阅读指导者须巧妙运用以下策略，以引领阅读者破浪前行：首要之务，是激发阅读者的预习热情，使他们能够未雨绸缪，带着问题进入课堂，从而在听讲时更加全神贯注，深刻理解与牢固记忆。同时，鼓励阅读者边听边思，勇于提问，直至每一个疑惑都如晨雾般消散，让知识的阳光普照心田。

其次，阅读指导者应精心设计多样化的阅读练习，如同匠心独运的工匠，雕琢着阅读者的记忆之石。通过引导阅读者从具体细节中提炼概括，逐步培养其综合分析与精准表达的能力，使思维之花在抽象与具体的交织中绚丽绽放。

再者，重视创新思维的培养，是阅读指导者赋予阅读者的另一双翅膀。在传授既定知识的同时，更鼓励阅读者敢于破冰前行，探索未知领域，让每一次尝试都成为成长的阶梯。同时，兼顾形象思维与抽象逻辑思维的均衡发展，如同滋养心灵的甘霖，促进全脑的智慧觉醒，让阅读者在创造的海洋中自由翱翔。

面对阅读教育改革的新浪潮，阅读指导者须以更加广阔的视野，聚焦于阅读者综合素质的全面提升。作为未来社会的中流砥柱，阅读者须装备多元素质，以应对万变的环境与挑战。因此，培养阅读者的自主性与创造性，传授高效学习之法，点燃其终身学习的熊熊火焰，是阅读指导者不可推卸的使命。

综上所述，一位卓越的阅读指导者，不仅是阅读旅程中的引路人，更是心灵的灯塔，照亮阅读者前行的道路。他们不仅赋予阅读者深刻而丰富的阅读体验，更拓宽了其人生视野，提升了生活品质，让阅读成为一种灵魂的滋养，一种前行的力量。在这知识的海洋中，阅读指导者与阅读者携手并进，乘风破浪，向着更加辉煌的彼岸勇敢前行。

第五章　阅读教育与青少年的道德培养

　　在阅读的浩瀚殿堂里，阅读指导者以其深邃的智慧，洞悉了以集体主义为坚实基石的社会主义道德品质培育的非凡价值。这股道德的力量，宛如巍峨磐石，屹立不倒，为阅读者的心灵世界筑起了一道坚不可摧的防线，守护着那片纯真与善良的净土，让心灵得以在纷扰尘世中寻得一片宁静与纯净。

　　然而，当时代的列车轰鸣着驶向未来，社会变迁如织锦般绚烂多彩，创新的浪潮更是如潮水般汹涌澎湃。在这瞬息万变的时代，德育之舟亦须扬帆起航，勇敢地乘风破浪，驶向未知的远方。它须在不断的自我审视中汲取智慧的甘露，在广泛吸纳中丰富自身的底蕴与外延，更须在勇于扬弃中焕发新生，以无畏的姿态驶向更加辉煌的彼岸。

　　在这条既充满挑战又孕育机遇的征途上，阅读指导者与阅读者应如战友般并肩作战，携手共进。他们共同驱散无知与迷茫的阴霾，摒弃盲目行事的浮浅，以坚定的步伐迈向知识的殿堂。我们不应仅是时代的旁观者，而应成为积极的探索者与实践者，用敏锐的洞察力洞察德育领域的每一个细微变化与新兴趋势；以开放包容的心态拥抱来自四面八方的德育新理念与新思想；更须以勇于创新的精神为翼，敢于突破传统的桎梏，推动德育实践的持续革新与飞跃。

　　如此，我们方能在德育的盛宴中共同书写属于我们的辉煌篇章。让阅读成为滋养心灵的甘霖，润泽心田；让德育成为引领未来的璀璨灯塔，照亮每一位阅读者前行的道路，引领他们迈向更加灿烂辉煌的明天。

在这片阅读的田野上，我们不仅要播撒知识的种子，更要精心培育道德的绿洲。让集体主义的光芒普照阅读者的心灵之路，让社会主义的道德力量成为他们勇往直前的坚实后盾。同时，我们亦须勇于直面时代的挑战，让德育之花在不断的反思与实践的滋养下绽放得更加绚烂夺目。

如此，阅读指导者与阅读者方能携手共绘一幅关于成长、关于道德、关于未来的壮丽画卷。让阅读成为滋养心灵的清泉，让德育成为照亮人生旅途的璀璨灯塔，共同书写一部关于智慧、关于美德、关于希望的华美篇章。

一、道德结构

德育，这一在教育长河中熠熠生辉的明珠，自学校教育的曙光初现之时便已悄然绽放，它随着社会政治的风云变幻、经济的蓬勃发展、文化的绚烂多彩以及科技的日新月异，如同涓涓细流汇聚成海，其内容与形式不断丰富，历久弥新。作为学校教育的精神脊梁，德育深深植根于校园文化的丰饶土壤，以其独有的魅力，精心雕琢着每一代师生的心灵图谱，塑造着他们坚韧不拔的道德风貌与崇高品格。

新中国成立的伟大时刻，社会主义与共产主义的理论之光犹如璀璨灯塔，照亮了青少年茁壮成长的道路，孕育出无数英勇无畏的革命先驱与坚不可摧的建设栋梁。他们以实际行动践行着社会责任，推动着社会巨轮破浪前行，书写了时代的壮丽篇章。

而今，置身于全球化、现代化、信息化的时代洪流之中，教育之舟正扬帆远航，乘风破浪，驶向未知的广阔天地。面对市场经济的风起云涌、世界文化的多元共融、大数据与互联网的迅猛发展，这些鲜明的时代印记为德育赋予了前所未有的挑战与神圣使命。德育与智育的界限日益模糊，其价值导向的多元认知维度更加凸显，旨在引导学生构建深邃而宽广的人生观与世界观，确立个体与群体、社会、自然之间和谐共生的道德行为规范体系。在这一过程中，德育不仅是知识的传授，更是心灵的启迪，是引导学生走向成熟、完善自我的光辉灯塔。

道德，这一细腻繁复而又精妙绝伦的体系，实则是知、情、意、行交织共鸣的和谐乐章，每一音符都跳跃着生命的韵律与智慧的火花。道德认识，恰似乐章之初那悠扬的序曲，它不仅为整个旋律奠定了基调，更是道德情感萌芽的沃土。唯有深刻洞察道德之真谛，领悟其价值所在，方能触动心灵最柔软之处，让爱与责任如同春日细雨，悄然滋养，在心田深处绽放出最绚烂的花朵。

智慧，作为道德认知深化的催化剂，它使道德知识的传授超越了简单的灌输，转而成为一场场心灵的对话与共鸣。在情感的激流中，学生们沉浸于爱国之情的激荡、家乡之谊的温暖、师生之恩的厚重、同窗之情的纯真，这些高尚情感如同涓涓细流，汇聚成海，内化为他们灵魂深处的不朽烙印，外化为日常言行中的光辉典范。

道德意志，则是那磨砺意志的磐石，它让学生在面对生活风雨时，能够坚韧不拔，勇往直前。正是在这不断的挑战与超越中，学生们逐渐锻造出符合时代脉搏、服务于社会进步的道德行为，成为社会的栋梁与未来的希望。

因此，在学校这片阅读的沃土上，我们更应深耕细作，注重学生德育的滋养与良好品德的培育。让每一次翻阅都成为一次心灵的洗礼，让每一行文字都闪耀着道德的光辉，共同编织出一幅幅青少年健康成长的绚丽画卷，让道德的种子在他们心中生根发芽，绽放出最灿烂的花朵。

二、德育具有民族性的特征

德育的深远意蕴，宛若星辰指引，引领我们攀登人生之巅，赋予生命以崇高的价值与不懈的追求。在中国这片历史悠久、儒学深厚的土地上，古老智慧与现代思潮交织融合，犹如冯友兰先生笔下自然、功利、道德、天地四大境界的递进画卷，缓缓展开，清晰揭示了德育提升道德境界的必由之路与内在逻辑之美。

中国的儒学，根植于深厚的宗族文化土壤与大一统的宏伟理念之中，构建了一个独具特色、迥异于西方个人主义道德观的道德体系。这一体系，如同璀璨明珠，镶嵌在世界文化的宝库中，展现了中华民族独特的精神风貌与价值追求。

诚然，西方的现代化进程伴随着其道德文化的不断演进与支撑，为世界文明的发展贡献了重要力量。然而，其道德模式并非万能钥匙，能够轻易解锁所有文化土壤中的道德难题。在中国这片独特的土地上，西方道德体系的直接套用往往显得水土不服，难以生根发芽。同时，我们也不得不正视西方道德观在某些方面的偏颇之处，如生态失衡、资源枯竭、环境污染等全球性问题，正是其内在缺陷的直观体现。

当然，我们应以开放包容的心态，理性审视并借鉴西方道德中的优秀元素，如科学精神、民主理念、个性尊重与自由追求等，这些光辉元素无疑为现代化进程注入了强劲动力。但更重要的是，我们要坚守并发扬中华民族德育的民族性特征，以儒学为根基，融合现代思潮，构建出既符合时代要求又具有鲜明民族特色的德育体系，为培养具有高尚道德情操、强烈社会责任感与民族自豪感的时代新人贡献力量。

因此，在构建我国道德教育体系的宏伟征程上，我们应当秉持一种既开放包容又审慎思辨的态度。我们须面向世界，以广阔的胸怀汲取西方文明的璀璨精华——那推动人类不断前行的科学理性之光、民主自由之魂、个性创造之力，让它们成为我国道德教育体系中的宝贵养料。同时，我们更要深深扎根于本土文化的沃土，传承并发扬光大中华优秀传统道德的精髓——集体主义的璀璨光辉、民族团结的磅礴力量、统一发展的宏伟愿景，以及那积极向上、勇于探索的人生与世界观，使之成为滋养民族精神的深厚源泉。

在此过程中，我们必须勇于自我革新，敢于割舍那些与时代精神相悖、阻碍社会进步的封建遗毒。那些过分强化血缘与宗法观念、束缚人性发展的陈旧伦理标准，曾是封建社会的坚固基石，但在新时代的洪流中，它们已显得格格不入，成了阻碍社会生产力解放与进步的重重枷锁。我们必须以坚定的决心和勇气，将它们从道德教育的体系中剔除，让教育之树在更加纯净的土壤中茁壮成长。

通过这样一番对外来文化的精挑细选与本土传统的扬弃创新，我们将能够构建出一个既深深扎根于中国大地，又紧密拥抱时代脉搏的德育体系。这一体系将如同璀璨星辰，照亮新时代公民的成长之路，为培养具有高尚品德、远大抱负、能够担当民族复兴大任的时代新人奠定坚实的基础。

三、德育有"虚"特点

在教育这片浩瀚无垠的星空中，德育以其独有的韵味与深远影响，熠熠生辉。它不与智育的睿智、体育的活力、美育的雅致争锋，而是以一种超凡脱俗的姿态，展现出一种共生共荣的和谐之美。德育，如同一位智者，巧妙地穿梭于各育之间，既与它们相互依存、相互促进，又保持着自己独特的领地与深邃的思考，默默塑造着社会与个体的精神风貌，这不仅是教育发展的内在逻辑，更是时代赋予德育的崇高使命与不朽荣光。

德育，是一座无形的桥梁，横跨在社会道德与个体品德之间，让道德的涓涓细流在每个人的心田汇聚成海，绽放出和谐共生的绚烂之花。在历史的长河中，德育历经风雨洗礼，逐渐沉淀出清晰的轮廓：它有着明确的对象群体，每一颗心灵都是它耕耘的沃土；它承载着具体而微的任务导向，引领着青少年向善向美；它内涵丰富，意蕴深远，如同宝藏等待着我们去发掘；它遵循着严谨的原则体系，确保每一步都走得坚实而有力；它采用多元的方式方法，让道德教育如春风化雨，润物无声；它实施精细的管理策略，确保教育效果的最大化；它带来深刻的评价体验，让每一位参与者都能感受到成长的喜悦与道德的力量。

正是这些客观存在的要素，如同星辰般点缀在德育的夜空，共同构筑了德育在学校"五育并举"中的坚固基石，让德育之花在教育的百花园中绽放得更加灿烂夺目。

尤为值得注意的是，德育的力量，在于它拥有引领我们跨越狭隘个人主义泥潭的非凡能力，避免了对他人福祉与群体和谐的无意或有意侵蚀。它倡导的是一种根植于个体、群体乃至国家共同利益之中的高尚品德，这种品德如同璀璨灯塔，不仅照亮了个人全面发展的航道，也推动了社会整体和谐与进步的巨轮。相比之下，那些为了一己之私而不惜牺牲他人或社会利益的行为，在德育的光辉照耀下，显得尤为短视且荒谬不堪。

深入剖析德育与智育的微妙关系，我们不难发现，两者虽并行不悖，却各自绽放着独特的光彩。智育，作为知识的宝库与智慧的源泉，无疑是德育不可或缺的坚实基石；然而，它仅仅是通往更高道德境界的起点，而非终点。德育，则是在智育这片沃土上，通过深刻的洞察与精心的引导，将道德的甘露细细滋养进学生的心田，使之内化为坚不可摧的精神支柱，外化为既博学多才又德行兼备的完美人格。

同时，我们必须清醒地认识到，德育并非法治的附庸或替代品。诚然，法治的刚性约束在维护社会秩序、减少违法行为方面功不可没；但唯有德育的柔性滋养，才能从根本上唤醒学生的道德自觉，增强其守法意识，使法律不再是外在的强制，而是内心的信仰。

因此，在现代教育体系的宏伟蓝图中，德育被赋予了前所未有的重要性与使命感。它要求学校不仅要在课程设置上给予德育应有的地位，更要在时间与资源上予以充分的保障。通过举办丰富多彩的教育活动，营造深厚的文化底蕴，让德育与其他四育并肩前行，共同为学生的全面发展铺设坚实的基石。如今，越来越多的有识之士与教育机构已深刻领悟到这一点，他们正以满腔的热情与坚定的决心，携手并进，将德育的光芒播撒至每一个角落，照亮每一位学子成长的征途。

四、针对青少年的德育阅读教育

（一）青少年德育的现实情况

青少年，作为国家的未来与希望，已具备一定的教育基础，在智力与身心发展的道路上稳步前行。然而，正值青春年华的他们，往往面临意志尚显薄弱、理想尚未坚定、信仰尚在探索的阶段，对于个人与社会的深刻关联及其肩负的责任认知尚浅。在这个日新月异、多元并存的世界里，他们或许会感到选择迷茫，判断力尚待提升，对于诸如金钱崇拜、享乐主义、极端个人主义等腐朽思想的侵袭，尚缺乏足够的批判与抵御能力，对道德法则与法律规范的认识亦显淡薄。

德育，作为一盏明灯，不仅映照出国家与社会的殷切期望，也深刻回应着青少年的内在需求与崇高理想，以其清晰明确的方向与显著成效，引领青少年健康成长。在中学阶段，德育的具体实践围绕着热爱祖国、中华民族的情感培育，拥护社会主义制度与中国共产党的领导，激发青少年树立为人民服务的崇高理想，以及为实现社会主义现代化贡献力量的坚定志向。同时，德育还致力于塑造青少年良好的道德品质与文明举止，强化其法律意识与社会责任感，并引导其树立阶级意识、劳动观念、群众观念、集体主义精神及辩证唯物主义的世界观，从而为青少年构建起科学人生观与世界观的坚实基石。

德育的根源深植于生产力和社会交换关系的发展之中，其目标与内容紧密贴合现实生活的脉搏与客观世界的变迁，因此，德育自然而然地展现出民族性、国家性、阶级性和时代性的鲜明特征。在当今时代，可持续发展的价值观如一股清流，不仅要求我们尊重并维护自然生态系统的平衡与和谐，更倡导将这种理念贯穿于社会生活的各个层面——从个体的全面发展，到集体主义精神的弘扬，再到社会责任与担当的深刻认识，无一不体现出可持续发展的深远影响。

对于我国青少年而言，科学的人生观是以共产主义为核心构建的，它不仅是科学世界观的重要组成部分，更在日常生活中体现为尊老爱幼的传统美德、社会主义公德的自觉践行、热爱劳动与珍惜公共财物的良好风尚、遵守公共秩序与倡导平等互助的社会风尚。这些价值观念的培育，将为青少年铺就一条通往更加辉煌未来的光明大道。

在我国，学校德育的宏伟蓝图，犹如一幅以马克思主义为璀璨星辰引领的壮丽画卷，矢志不渝地培育着怀揣共产主义崇高理想的社会主义事业接班人。这是一场心灵的深度滋养与智慧的卓越启迪，是远大理想与坚实实践的交响乐章。

为雕琢青少年纯净无瑕的道德心灵，我们精心编织了一幅多元化教育方法的璀璨星空，每一颗星辰都是他们成长路上的明灯。从温馨的报告聆听与交流对话，到激烈的辩论讨论激发思维火花；从静谧的阅读时光中领悟深邃思想，到生动演绎特定主题的情感共鸣；从历史长河的智慧沉淀中汲取力量，到榜样光辉的感召引领；再到知识海洋的日积月累，课外活动与公益实践中的身体力行，行为训练的细微雕琢，环境熏陶的无声滋养，以及自主教育意识的觉醒……每一步都精准地触及心灵，唤醒潜能，引领青少年向着更高的道德境界攀登。

然而，在这条充满挑战与机遇的道德培育征途上，我们必须保持清醒的头脑，警惕形式主义的阴霾悄然蔓延。那些空洞无物的说教、华而不实的"表演"，如同遮蔽天空的迷雾，不仅无法穿透青少年的心灵深处，反而消耗了宝贵的时间与资源，更在无形中侵蚀了德育的纯洁性与崇高性。我们必须坚决抵制这种应付敷衍的态度，让每一次教育活动都充满真诚与实效，让德育的光芒真正照亮青少年的成长之路。

（二）青少年对德育阅读的反应主要有以下几点

青少年在成长的旅途中，起初或许更多地处于受外界影响的被动反应阶段，但随着德育阅读的深入，他们内心逐渐构建起一座坚固的灯塔，引领他们步入主动反应的新天地。在这里，自愿与责任感成为最坚实的动力，每一次选择与行动都洋溢着愉悦与满足，标志着青少年内心深处科学社会价值观的生根发芽，以及对正确价值观坚定不移的认同与践行，形成了自我评判的标尺。

德育之花的绽放，离不开对道德深刻认知的滋养。这种认知，是对道德知识与现象的敏锐感知、深刻理解与精准把握的内在力量，它使青少年能够超越表象，直抵品德的核心，进行既全面又深刻的道德评价，展现出独立而辩证的思考魅力。

道德阅读教育，更是一场心灵的盛宴，它精心培育着青少年的道德需求与情感处理能力。面对纷繁复杂的道德体验，每个青少年都有其独特的感受与态度，因此，德育须因材施教，精准对接每位学生的道德发展水平与情感基础，引导其培养正向的道德需求，学会在情感的海洋中做出明智的选择与调控。正如《好书记焦裕禄》这样的经典读物，它不仅激发了青少年对无私奉献、为人民服务的崇高追求，更让这份情感内化为行动的力量，让青少年在奉献与服务中体验到前所未有的快乐与幸福。这种积极的情感体验，如同催化剂一般，不断巩固并优化着他们的道德行为，使之成为习惯，成为生命中不可或缺的一部分。

英雄人物的光辉形象，不仅是理性的启迪，更是情感的共鸣。它们以感性的力量，让青少年感受到美好情感的洗礼，激发了对社会与生活的无限热爱与希望。在这一过程中，青少年深刻领悟到，承担社会责任、履行道德义务，不仅是一种崇高的使命，更是一种人生的幸福与满足，是对生命价值的最高颂扬与传承。这份认知，逐渐转化为他们成就社会、服务集体的责任感、集体意识与劳动素养，成为推动社会生产力发展、促进经济繁荣的重要力量。

（三）学校阅读培养的科学的道德观

在科学道德观的精心培育下，青少年即便置身于商品经济浪潮的暗流涌动之中，亦能慧眼识珠，辨别并抵御低级颓废、错误拜金等生活方式的诱惑，让心灵免受侵蚀，转而拥抱真、善、美并蓄的健康、文明、科学且现代的生活范式，树立正确的消费观、发展观与价值观。学校教育，作为智慧与思想的熔炉，不仅传承着既有的政治理论，更勇于探索并催生新的政治理论之花。文化的命运，往往由其是否符合社会道德规范所决定，符合者得以广纳人心，背离者则难免遭社会摒弃。道德，这一无形的力量，在生态危机频发的当下，更彰显出其对生态保护与恢复的不可或缺性。

德育阅读，则为青少年搭建了一座桥梁，助其在纷繁复杂的道德世界中明辨是非，做出明智的判断与选择，妥善平衡人与自然之间的当下与未来、局部与整体的微妙关系。它促使人类知识在生态发展的广阔舞台上发挥积极作用，将科学化的道德认识内化为个人的品质、信念与责任。德育的核心使命，在于塑造高尚的道德人格，于科学理论的指引下，多维度、深层次地雕琢青少年的内心世界，将外在的规范逐步转化为内在的自律，既约束思想又引导行为，使青少年更好地服务于社会的需求与进步。

在道德成长的征途上，道德认知向道德行为的转化，离不开道德情感与意志的滋养与支撑。阅读指导者巧妙地创设道德情境，以情动人，激发学生的道德情感共鸣，进而培养并强化道德行为。通过自我调控与反思，青少年的道德意志得以锤炼，道德体系在不断的反馈与完善中日益坚固。

尤为重要的是，青少年的道德培养是一个持续内化与社会化的过程，须引导他们积极适应社会变迁，主动接纳并践行社会价值，将内在的道德认知外化为正确的道德行为，积极参与社会政治、经济、文化活动，最终成长为拥有正确伦理观念、能够胜任多重社会角色的社会栋梁。如此，阅读便不仅仅是文字的邂逅，更是心灵的成长之旅，引领青少年迈向更加辉煌的人生篇章。

（四）在阅读中实施学校的德育时应注意以下几点

德育之路，既着眼于现实之需，又眺望长远之景，双轨并行，方能行稳致远

其一，德育目标的设定，须兼顾即时效应与深远影响，确保青少年在成长的每一步都坚实有力。

其二，德育之精髓，在于其与课程学习的深度融合，两者相辅相成，方能最大化德育的效能，让学生在知识的海洋中遨游时，亦能沐浴道德的阳光。

其三，德育阅读教育活动应呈现多元化风貌，如百花齐放，各展其彩，以丰富多样的形式触动学生心弦，让道德之花在每个学生心中绚烂绽放。

其四，德育建设与学校文化建设紧密相连，两者相辅相成，共同编织出一幅和谐美好的教育画卷，让德育在文化的沃土中更加根深叶茂。

其五，德育策略的选择与实施，须秉持科学精神，精准施策，确保每一份努力都能精准滴灌于学生心田，滋养其道德之树苗壮成长。

其六，德育之路，非一成不变，而须在实践中不断探索、反馈与调整，

以适应时代变迁与学生成长的需求，确保德育之舟始终航向正确。

其七，对德育阅读实施者的要求，不仅是道德水准的提升，更需管理制度的完善，以高标准、严要求打造一支高素质的教育队伍，引领学生走向更加光明的未来。

其八，学校应慷慨解囊，为德育阅读提供充足的经费支持，确保每一项活动都能落地生根，开花结果，让德育之光照亮每一个角落。

其九，反思、评价与改正，是德育阅读实施过程中不可或缺的环节。学校须保持敏锐的洞察力与自省精神，不断审视德育工作的成效与不足，及时调整方向，确保德育之路始终沿着正确的轨道前行，收获实实在在的教育成果。

（五）内部的和外部的矛盾问题

内在世界的矛盾，诸如青少年性格的多样性、性情的微妙差异、认知水平的参差不齐与对道德理想实现的迫切期望之间的张力，与外部环境的复杂交织，包括学校教育的导向、社会风气的浸染等，共同构成了青少年道德成长的多维挑战。因此，学校在设计道德阅读活动时，必须秉持科学性与权威性的原则，紧密贴合青少年独特的身心发展特点，确保教育内容的适切性与教育方法的有效性。

同时，面对外部环境的广泛影响，道德阅读应成为一座桥梁，促进学校、家庭、社会三者之间的和谐联动与协调发展。这要求我们不仅要关注学校内部的道德培育，更要将视野拓展至家庭的温馨熏陶与社会的广阔舞台，形成全方位、立体化的道德教育网络。

在此过程中，我们必须正视道德活动中存在的消极因素，勇于揭露并坚决抵制错误的道德认识和不良的道德行为，为青少年营造一个清朗的道德成长空间。同时，也要深刻理解道德品质形成的长期性与反复性特征，这不仅是对青少年的考验，更是对教育者与被教育者耐心、毅力与不懈努力的呼唤。

唯有如此，我们才能在时间的见证下，见证青少年从懵懂走向成熟，从被动接受走向主动践行，最终成长为具有高尚道德情操、能够担当时代重任的栋梁之材。

五、德育阅读对教育者的要求

在学校德育阅读的广阔舞台上，每一位教师都是不可或缺的德育引路人，他们超越了传统思品课教师的界限，将德育的涓涓细流融入每一门学科的讲授之中，携手共创学校德育的合力，彰显其广泛性与深远意义。这不仅是教育的责任，更是对青少年未来成长的重大承诺。在坚持集体主义教育传统的同时，我们亦应关注个体成长的独特性，推动德育向多元化、个性化方向发展。教育者须扮演多重角色，以平等、民主的姿态与学生对话，共同探索道德的真谛，让德育成为一场心灵的共鸣。

面对现代社会的快速变迁，德育更须注入创新活力与未来视野，教育者作为道德航行的舵手与灯塔，其道德素质的提升成为迫切需求。在职业素养之外，教育者还须具备坚实的心理素质，以积极的工作态度、强烈的使命感、真挚的师生情感，与时代脉搏同频共振，为青少年树立正面榜样。反之，心理健康的缺失将严重影响教育者的职业效能与德育成效，因此，社会各界应给予教育者充分的关怀与支持，构建良好的心理环境，助力他们自信、有效地开展德育阅读活动。

青少年时期，自我意识正处于塑造阶段，其行为调控多依赖于外界评价与学校纪律。德育的滋养，如同春雨润物，引导他们逐步建立科学、正确的人生观与世界观，树立坚定的信仰与理想，实现从他律到自律的跨越，形成强大的道德自我管理能力。我国学校已构建起一套完善而高效的德育体系，通过党支部、青年团、德育领导、班主任及全体教师的紧密协作，在阅读教学的同时，灵活调节德育机制，激发组织活力，确保德育方向正确、执行有力、反馈及时、持续创新，为培养社会主义事业的合格建设者和接班人奠定坚实基础。

作为德育阅读的坚实后盾，德育系统紧密围绕社会主义教育理论，制定贴近实际、清晰简洁、实用高效的德育方案，不仅激发了师生的积极性与创造力，更在潜移默化中塑造了校园文化的精髓，涌现出一批批模范人物，强化了校风校纪，让德育之光照亮每一个角落，引领青少年向着更加辉煌的明天迈进。

六、阅读教育的评价

在阅读教育评价体系中，德育阅读有机系统占据核心地位，其中德育质量评价更是重中之重，它深刻关联着青少年学生品德素养的塑造与升华。品德，这一多维度的复合体，其构建过程错综复杂；加之青少年时期特有的品性波动性与不确定性，以及外部环境纷繁复杂的干扰因素，使得德育效果的评价面临诸多挑战。青少年的思想火花、行为表现与最终成效之间，往往存在着微妙的错位与滞后，这为德育评价工作增添了更多层次与深度。

德育评价，作为对整个德育系统运作成效的审视，不得不面对其特有的时间跨度长、效果波动大、反复性强、内容丰富且难以精确量化的特性。然而，正是这些挑战，凸显了科学德育评价的重要性——它如同一面明镜，不仅总结过往，更映照未来，为德育工作的持续优化提供宝贵反馈。

在评价工具与方法上，我们集问卷、测验、测定表格、实地观察记录、档案追踪、图表分析等多种手段于一体，力求全面而深入地捕捉德育的每一个细微变化。同时，超越传统的观察、访谈与表格分析，引入科学严谨的数值测试、抽样调查与统计分析法，乃至道德判断中的文字描述与数值量化技术，共同织就一张精密的评价网络。

西方教育巨匠杜威的反灌输理论，为我们开启了德育新思路——一个开放包容、鼓励独立思考与批判性思维的德育环境。这一理念已在全球范围内达成共识，引领着德育实践的革新方向。

基于此，现代德育规划须紧密遵循科学的阅读心理学原理，坚决摒弃极端利己主义与激进思潮的侵扰。当前，德育阅读理论正朝着跨学科、多维度的综合融合趋势迈进，哲学、社会学、心理学、历史学、宗教学等领域的智慧交汇，为德育注入了新的活力与深度。

现代德育建设，应秉持开放包容的心态，积极借鉴西方科学的、人性化的德育内容与形式，同时紧密结合本国国情与发展实际，在阅读教育的广阔天地间，不断探索与创新，孕育出具有中国特色与时代特征的社会主义德育新篇章。

第六章 信息时代的阅读教育

随着信息时代的疾速浪潮，阅读领域迎来了前所未有的繁荣景象，新介质电子书如雨后春笋般涌现，网络资源的广泛普及，以及人工智能技术的日新月异，共同编织了一幅多元化阅读的新图景。在这一背景下，传统图书馆纸质书籍的借阅量虽有所减缓，却催生了学校电子阅览室的应运而生，它们巧妙地将微机室与阅读空间融合，让师生在网络的海洋中自由遨游，探索知识的无限可能。

作为这一变革中的阅读引路人，阅读指导者们不仅需要掌握扎实的计算机基础，还须深刻理解网络阅读的精髓——其特性、挑战、核心要点及操作流程，均须了然于胸。他们通过不懈的校内学习与外部培训，持续提升自我，力求让阅读教育紧贴时代脉搏，引领读者在数字海洋中高效航行。

这一转变，不仅让图书馆的阅读边界得以无限延伸，更赋予了阅读前所未有的灵活性与自由度。阅读者不再受限于物理空间，无论是图书馆的静谧角落，还是家中温馨的灯光下，乃至社区内的每一个角落，只要有网络、电脑、手机、平板或电子阅读器等媒介，知识的大门便随时为他们敞开。阅读的内容也从单一的纸质书籍，扩展到图文并茂、音视频融合的综合性媒体材料，极大地丰富了阅读体验与知识获取途径。

互联网的蓬勃发展与深入渗透，更是为阅读提供了海量资源，计算能力的飞跃让信息的获取与处理变得前所未有的便捷。阅读，这一古老而神圣的行为，正以前所未有的速度和广度，渗透到社会的每一个角落，融入人们生活的点点滴滴。它不仅限于学校图书馆与阅览室的方寸之间，而是跨越了地域与时间的限制，成为连接个人成长与社会进步的重要桥梁。

总而言之，信息时代为阅读带来了前所未有的发展机遇，它不仅拓宽了阅读的边界，更新了阅读的形式，更激发了阅读方法的创新与多样性。在这场阅读的盛宴中，每个人都是参与者，也是受益者，共同见证并推动着人类知识传承与文明进步的辉煌篇章。

一、重视爱国主义教育

在信息时代的洪流中，阅读被赋予了更加深远的意义，首要且核心的是强化爱国主义教育。爱国主义与集体主义犹如双生子，彼此依存，不可分割——缺乏集体主义的爱国主义显得空洞无根，而失去爱国主义灵魂的集体主义则黯然失色，失去了其应有的价值与光辉。因此，在阅读这片沃土上，阅读指导者应高擎爱国主义之旗，以集体主义为坚实基石，引领读者踏上一段心灵与智慧的双重旅程。

在日常的阅读活动中，阅读指导者匠心独运，策划了一系列以爱国主义为主题的精彩篇章。譬如在"学习雷锋纪念日"之际，精选《雷锋日记》《雷锋故事》等经典读物，鼓励学生沉浸于雷锋同志的光辉事迹之中，通过组建阅读小组、举办知识竞赛、撰写"我的好人好事"日记、参与公益实践等形式，让雷锋精神在学生心中生根发芽，激励他们在日常学习生活中，如雷锋般默默奉献，成为那颗永不生锈的"螺丝钉"，在集体中发光发热，贡献自己的力量。

阅读，不仅是知识的汲取，更是情感的共鸣与价值观的塑造。在阅读中，集体主义与爱国主义紧密交织，阅读指导者巧妙地将祖国的壮丽山河、悠久文化、辉煌文明、民族英雄与伟人形象等鲜活素材融入其中，通过生动讲述、形象描绘，让读者仿佛穿越时空，亲身体验那份对祖国的热爱与敬仰。同时，也不回避国家发展面临的挑战与不足，如人口老龄化、教育资源不均、科技创新压力、环境保护紧迫等，引导学生正视现实，激发其振兴中华、复兴民族的使命感与责任感。

在校园文化的建设中，集体主义的光芒同样耀眼。从振奋人心的标语到日常班会、校会、劳动实践及外出活动，每一次集会都是一次集体主义的深刻教育。阅读指导者须时刻铭记，培养具有集体主义精神的爱国主义者，是阅读活动不可或缺的一环。他们须将这份信念融入每一次阅读指导之中，确保学生在学习与生活的点滴中，都能感受到集体的温暖与力量，从而成长为既有爱国情怀，又具集体责任感的时代新人。

总之，阅读不仅是文字的邂逅，更是心灵的触碰与成长的阶梯。在信息时代的背景下，阅读指导者应不断创新，将爱国主义与集体主义的教育巧妙融合于阅读活动之中，让每一位读者都能在知识的海洋中，找到属于自己的精神家园，成为社会主义事业的合格接班人与建设者。

二、富有爱心的阅读教育

在信息时代的大潮中，阅读活动不仅限于形式的更迭与方式的拓展，其深邃魅力与强大吸引力，唯有当阅读指导者满怀热忱，将爱心倾注于阅读教育之中，方能得以充分展现，使阅读焕发勃勃生机。随着教育体系的革新与时代步伐的加快，阅读已稳固地成为学校教育中不可或缺的基石。尽管纸质书籍的阅读量或有所调整，但网络阅读、手机阅读等新兴方式却无缝融入学习生活的每一个角落，为阅读指导者提供了前所未有的丰富教育资源与契机。

学校的阅读教育模式正逐步转型，强调以阅读指导者为引领，学生为主体的互动式学习。在这一过程中，无论阅读形态如何演变，阅读指导者对学生不变的爱心与关怀，始终是推动阅读活动深入人心的关键力量。这份爱心如同纽带，将师生紧密相连，共同投身于阅读探索的征途，携手完成阅读任务，彼此间传递着温暖与激励。

同样，图书馆与社区作为阅读推广的重要阵地，其阅读指导者亦须怀揣满腔热忱，对阅读事业充满执着，对每一位阅读者展现出无限的热情与慷慨。唯有如此，方能营造出热烈而温馨的阅读氛围，激发阅读者的内在动力，让阅读活动更加丰富多彩，成效斐然。

在信息时代背景下，家庭作为社会的基本细胞，其亲情阅读活动正日益成为阅读教育的重要组成部分。亲子阅读以其时间的延长与形式的多元化，展现出独特的魅力与价值。在家庭中，教师与家长可化身为阅读指导者，携手打造充满爱心与温情的亲子阅读时光。借助网络阅读的便捷性，家长可根据孩子的年龄、兴趣及学习需求，灵活选择阅读内容与方式，与孩子共同沉浸在阅读的海洋中，享受交流、反馈与成长的乐趣。亲子阅读以其小而全、精而妙的特点，成为培养孩子自学能力、塑造良好阅读习惯的有效途径。

然而，在享受亲子阅读的温馨时光时，家长作为阅读指导者亦须谨记以下几点：一是明确学校学习的重要性，将阅读视为学习生活的关键环节；二是关注阅读策略的运用，根据孩子的成长阶段与智力发展水平，给予恰当的引导与支持；三是审慎选择阅读材料，确保内容健康向上，能够滋养孩子的心灵与智慧。

此外，阅读任务的设定与实现亦不容忽视。阅读不应仅停留在过程之中，而应追求实实在在的成果。家长须结合孩子的实际情况，制定既具挑战性又不失可行性的阅读任务，并辅之以详尽的阅读计划，引导孩子逐步深入阅读的世界，实现知识与能力的双重提升。

总之，无论在学校、家庭还是社区等任何场所进行阅读活动，作为阅读指导者的家长都应秉持高度的责任心与爱心，精选优质读物，科学规划阅读任务，努力为孩子的成长与进步铺设坚实的基石。同时，积极寻求学校、社区及社会各界的支持与帮助，共同推动阅读教育的繁荣发展，让阅读之光照亮每一个孩子的未来之路。

三、阅读教育的创新

在信息时代的浩瀚洪流中，阅读教育的创新性犹如璀璨星辰，引领着我们探索知识的无垠宇宙。阅读活动，这一古老而又常新的实践，正通过不断创新，焕发着前所未有的吸引力和深远影响。但此处的创新，绝非盲目跟风或华而不实的噱头，而是根植于时代需求的深刻变革，是顺应时代脉搏的必然产物。

随着科技的飞速发展，手机作为新兴阅读媒介的崛起，彻底改变了我们的阅读方式。它如同一扇窗，让阅读材料以视频、音频、电子书籍等多元形态跃然于方寸屏幕之上，只要有电、有网、有探索之心，知识的海洋便触手可及。手机阅读以其便捷性、即时性和个性化，成为现代生活不可或缺的一部分，它不仅满足了人们碎片化的阅读需求，更在无形中拓宽了阅读的边界。

手机功能的不断创新，为阅读教育带来了前所未有的机遇。从小红书上高数学霸的深入浅出，到"得到"APP中商业精英的智慧分享，再到百度AI的生动对话，每一项技术的突破都在激发着读者的思考与灵感。这些创新不仅丰富了阅读的形式，更让知识以更加生动、形象的方式呈现，激发了读者探索未知的热情。

然而，手机阅读在带来便利的同时，也伴随着安全隐患。网络的复杂性与不可预测性，使得阅读内容的质量参差不齐，甚至可能隐藏着虚假与误导。因此，阅读指导者的角色变得尤为重要。他们如同灯塔，在浩瀚的信息海洋中为阅读者指引方向，帮助筛选真实、有价值的信息，避免阅读陷阱，确保阅读活动的健康与高效。

在大数据时代的背景下，阅读指导者不仅需要精通传统图书馆的业务，更要掌握大数据分析与处理的技能，以便在海量信息中快速定位优质资源，为阅读者量身定制个性化的阅读方案。同时，他们还应致力于营造温馨、和谐、有序的阅读环境，鼓励阅读者之间的交流与互动，让阅读成为一种集体智慧的碰撞与升华。

阅读，在信息时代的浪潮中展现出更加绚烂多姿的面貌。它不再是孤独的旅程，而是集体智慧的汇聚；不再是单一的文本阅读，而是多媒体、跨领域的综合体验。阅读指导者，作为这一变革的推动者与引领者，正以更加专业、开放、包容的姿态，与阅读者共同书写着阅读教育的新篇章。在这个过程中，他们不仅塑造了新的职业形象，更为阅读教育的发展开辟了广阔的前景。

第七章　我的阅读教育工作

岁月匆匆，犹如白驹过隙，不经意间，我已在职场耕耘三十余载。自青春洋溢、风华正茂之时起，至今日渐沉稳、步入中年之秋，我在阅读的广阔天地里，亲历了从纸质书卷的第一代阅读，跨越至微机屏幕的第二代阅读，直至如今智能化浪潮中的第三代阅读。这一路，每一站都是独特的风景，每一次驻足都满载着不同的收获与感悟。

纸质书页间，我初次领略了知识的芬芳，那是墨香与纸质的纯粹交融，每一行字都承载着历史的厚重与文化的深邃。那是阅读的初心，简单而纯粹，如同初升朝阳，温暖而明亮。

随后，微机阅读的兴起，如同打开了一扇通往新世界的大门。屏幕上的文字与图像，让信息获取变得前所未有的便捷与高效。我见证了数字技术的飞跃，也体验了知识传递方式的革新，那是时代进步的印记，也是阅读形式的一次华丽转身。

而今，智能化阅读更是将我们带入了一个前所未有的阅读时代。AI 推荐、语音朗读、个性化定制……科技的力量让阅读变得更加个性化、智能化，仿佛为每个人量身定制了一场知识的盛宴。我沉浸在这份便捷与丰富之中，感受着阅读带来的无限可能，每一次点击都仿佛在与未来对话，每一次滑动都在拓宽认知的边界。

这一路走来，我见证了阅读方式的变迁，更见证了自我成长的轨迹。每一次阅读，都是一次心灵的旅行，让我在知识的海洋中遨游，在思想的碰撞中成长。而那些不同的风景与收获，如同沿途的珍珠，串联起我职业生涯中最宝贵的记忆，闪耀着智慧与时光的光芒。

一、乡村的阅读教育工作

在经济改革的晨曦初现之时，我有幸踏上了一段独特的旅程——在小学的美术阅读课堂上，播种梦想与创意的种子。那时的孩子们，作业负担尚轻，眼眸中闪烁着对美术世界无尽的好奇与渴望。他们或已初具绘画基础，或尚显稚嫩，但无一例外，都怀揣着一颗颗求知若渴的心，举手投足间洋溢着对美的探索与向往。课堂上，小手如林，问题连连，欢声笑语交织成一幅生动的求知画卷，我作为引领者，亦被这份纯真与热情深深打动。

课余时分，我常携美术小组的孩子们走进自然的怀抱，让他们亲身体验花开花落、草长莺飞的四季更迭。孩子们在嬉戏中观察，在欢笑中写生，虽然笔触尚显生涩，但那份对绘画的热爱与天赋，却如春日里绽放的花朵，绚烂夺目。美术阅读课，则成为我们共同遨游艺术海洋的又一港湾。我精心挑选书籍，从古代画家的童年趣事到基础的美术技法，再到实用的手工剪纸艺术，一一朗读讲解，旨在激发孩子们的创造力，锻炼他们的思维与动手能力。

岁月流转，昔日的学生已长大成人，每当重逢，他们依旧笑容可掬，兴奋地分享着往昔在美术阅读课上的点点滴滴。更令人欣慰的是，其中不乏佼佼者，在美术领域深耕细作，参赛获奖、创作佳作、考入艺术殿堂，成为推动社会艺术发展的中坚力量。

随后，我投身于开放大学乡村教育阅读的广阔天地，这里，是乡村教育与外界先进知识交汇的桥梁。乡村干部培训班，如同一股清泉，滋润着广袤农村的土地，学员们怀揣着乡村振兴的梦想，目标明确，脚踏实地。他们通过学习与实践，不仅摆脱了懒散与浮躁，更在乡村的政治、经济、文化建设中发挥着举足轻重的作用，成为引领乡村发展的先锋与栋梁。

作为阅读指导者，我致力于拓宽学员们的视野，引领他们接触最前沿的知识与技能，通过精选的阅读材料，传授先进的知识理念与实践经验。

我们共同努力，旨在消除乡村的愚昧与落后，推动乡村与城市并驾齐驱，让这片土地焕发出勃勃生机，成为村民们和谐共处、富足安康的美好家园。在这片希望的田野上，我们共同书写着乡村振兴的壮丽篇章。

二、学徒时期的阅读教育工作

在我初入校园，踏上工作岗位的青涩时光里，我有幸在图书馆的殿堂中，跟随李老师和左老师这两位博学多才的导师，开始了我的学徒生涯。那是一个计算机尚未普及的年代，书信往来频繁，使得图书馆不仅是知识的宝库，也成了传递情感与信息的温馨驿站。每日，络绎不绝的师生们踏入这片静谧之地，不仅为了领取那一封封承载着远方思念与讯息的信件，更为了在这片书海中寻觅心灵的慰藉与智慧的火花。

李老师和左老师，他们以专业的素养管理着浩如烟海的书籍，更以温暖的笑容和亲和的态度，与每一位到访的师生建立起深厚的情谊。图书室内，常常回荡着欢声笑语，那是知识与情感交织的美妙旋律。

彼时，图书馆正经历着一次次的知识更新与扩容，新进的图书如同春日里绽放的花朵，种类繁多，色彩斑斓。从古典文学的瑰宝——中外古典名著、唐诗宋词的婉约与豪放，到历史长河中璀璨的明珠《史记》《资治通鉴》；从医学经典《黄帝内经》到旅行探险的佳作《徐霞客游记》，再到近代思想先驱梁启超的传记，无一不吸引着有志于学、热爱阅读的师生们。此外，近现代文学作品、教师教学经验总结、哲学思考、政治理论、英语与高等数学教材，乃至备课资料等，覆盖了广泛的知识领域，满足了不同人群的学习需求。

鉴于师生们对阅读的热情与渴望，学校特意设立了宽敞明亮的阅览室，专为阅读图书、杂志及报纸而设。面对这一全新的挑战，我虽感忐忑，却也满怀激情地踏上了岗位。在不懂之处，我虚心向李老师和左老师求教，他们总是不厌其烦地给予指导与鼓励，让我在摸索中逐渐成长，仓促上阵也终能从容应对。

（一）学生的阅读

在那些物质并不充裕的岁月里，阅读书籍如同一股清泉，滋养着人们的精神世界，成为追求心灵富足的重要途径。随着学校新楼的崛起，阅览室与图书室也迎来了崭新的面貌——一箱箱承载着知识与梦想的书籍，在师生们的共同努力下，从旧日的狭小空间移至了专为它们设计的宽敞明亮的殿堂。新居不仅配备了现代化的书架与舒适的阅览桌椅，更与学生们的学习乐园——教室紧密相连，彰显着教育贴近生活的温馨与智慧。

彼时，正值高考脱产大学生学历班风华正茂之际，那些青春的脸庞上，闪烁着对未知世界的好奇、对知识的渴望以及对自我成长的热忱。课堂上，学生们以饱满的热情投入学习，相互激励，共同进步；教师则以笔为剑，挥洒自如，引领着知识的航船破浪前行。为了进一步激发阅读热情，学校精心规划，将课外阅读与周末时光巧妙融合，既鼓励集体共读，也尊重个性选择，让每一份求知的心灵都能在书海中自由翱翔。

随着阅览室规模的扩大与资源的丰富，我的工作虽添了几分忙碌与挑战，却也见证了它最为繁荣、教育功能最为彰显的黄金时期。这里，成了学生们探索未知、交流思想的乐园。他们或结伴而行，或独享静谧，或热烈讨论，或默默耕耘，每一份专注都是对知识的尊重与向往。学生们自觉遵守纪律，珍惜每一份阅读资源，使得这里的杂志、报纸与书籍始终保持着如初的新颖与整洁。

作为阅读指导者，我深知成人学习者的特点，因此在阅读指导中，我更倾向于采用启发式与互动式的教学方法，鼓励阅读者主动探索，少说多听，让每一次阅读都成为一次心灵的对话与成长的旅程。同时，我也关注阅读者品性与素养的提升，利用升旗仪式等契机，引导学生们分享阅读心得，培养公共演讲与表达能力。面对临阵磨枪的学生，我耐心指导，提供精准的阅读建议，帮助他们高效获取所需材料，享受阅读的乐趣与成就感。

阅览室，这个知识与智慧的宝库，不仅满足了教师日常教学的需求，更成为了师生共享的精神家园。在这里，找书、抄书、背书、默读，每一种姿态都是对知识的渴望与追求。我们一同在阅读的海洋中畅游，享受着知识带来的光明与温暖。即便铃声响起，许多阅读者仍依依不舍，这份对知识的热爱与执着，让我不得不一次次延长开放时间，只为让这份阅读的快乐延续更久，更深。

（二）教师的阅读

教师的阅读之旅，较之于学生，自有一番独特的风景。他们作为拥有丰富生活阅历与职业经验的成年人，横跨青年至老年的广阔年龄层，所教授科目横跨文理，个人生活状况亦是千差万别——有的初为人父母，有的子女已长大成人；有的膝下无子，有的则须照顾年迈双亲。因此，作为阅读指导者，我们不仅要洞悉这些多样化的生活背景，更要深入理解每位教师独特的智力倾向、情感细腻度、阅读习惯及个人阅读目标。尤为关键的是，我们要以平等、风趣的态度，成为教师阅读旅程中的得力伙伴，而非仅仅是旁观者或指导者。

与教师共读，无须如对学生般事无巨细、面面俱到，而应把握核心，以精练、生动、鲜明的方式，与教师建立共鸣，助力其教学相长，丰富其精神世界。这就要求我们阅读指导者的语言、行为乃至策略必须紧跟时代步伐，持续精进，确保在阅读活动中展现出最专业的素养，为教师提供最贴心的服务。

以阅览室内英语材料的更新为例，那年，一位来自异乡、与我年龄相仿的英语女教师加入我们，因远离家乡而寄居学校。她频繁光顾阅览室，不仅为了提升教学质量，更怀揣着深造读研的梦想。我深知她的志向，便格外留意英语类的新材料，定期为她推荐融合教学理论与实践、深度适中的英语杂志与报纸。她对此颇为感激，并时常反馈学生的学习动态，提出阅览室材料更新的宝贵建议，如根据学生需求增加特定领域的阅读材料，剔除过时内容。甚至，她还提议让学生参与阅览室的日常清洁，既锻炼了学生的责任感，也减轻了我的工作负担。

我们之间的交往，超越了简单的同事关系，更像是志同道合的朋友。

她分享班级学生的阅读学习情况，我则讲述其他教师与学生的趣事，以及学校的最新动态。这种相互的交流与切磋，不仅促进了彼此的成长，也加深了我们的情谊。最终，她如愿踏入高等学府的殿堂，继续深造。即便在她离开后，我们仍保持着书信往来，分享着各自的故事与见闻，这份因阅读而生的缘分，成了我们心中最珍贵的记忆。

（三）信件的阅读

初掌阅览室之钥，我亦如稚子涉水，步步探索。每日晨光初破，我便轻扫尘埃，将杂志与报纸依学科与性质精心布局，静待它们的读者。不久，邮递员踏着自行车，载着新一批的知识与情感使者翩然而至，我细心接收，将它们置于显眼之处，仿佛是在宣告新知的到来。而那些信件，则被温柔地安置于学校特制的布质多口袋信插中，静待主人的寻觅。

课间时分，阅览室成了情感的交汇点。学生们蜂拥而至，只为那来自远方亲人的深情厚谊。当他们从信插中抽出那封封承载着父母、朋友、亲人温暖话语的信件时，脸上绽放出的是纯真而幸福的笑容。老师们也不时驻足，于闲聊间寻找属于自己的那份牵挂。

那是一个通讯尚不发达的时代，电话稀缺如金，电报专为急事而设，手机与电脑尚未普及，信件便成了连接心与心的平凡而珍贵的桥梁。那些年，阅览室的信插，不仅是信息的集散地，更是师生情感交流的温馨港湾。那些因信而聚的瞬间，定会成为他们日后回忆中温暖而闪光的片段，镌刻在青春的扉页上。

信件往来，不仅是文字的交流，更是情感的寄托与进步的催化剂。它教会了我们写信的礼仪与措辞，让即便是最朴素的文字也能传递深情厚谊。相较于今日即时通讯的便捷，信件虽无视频之直观、消息之迅速，却自有一番韵味。那些字迹工整、笔触潇洒的信件，更是增添了几分艺术的享受与心灵的触动。

信件，还是连接不同世界的奇妙纽带。家长的叮咛、爱人的甜蜜、故友的深情、朋友的激励……每一封信都承载着不同的情感与故事。而那些跨越千山万水的爱情信笺，更是青涩年华中最美的风景线。偶尔飘来的港台乃至国际信件，更是让人眼前一亮，仿佛打开了通往新世界的大门。

在那个年代，信件，如同心灵的灯塔，照亮着前行的道路。它们不仅是时光的见证者，更是个人智慧与情感的展现。如今，当我们偶尔翻阅那些泛黄的信纸，不仅是在回顾往昔的生活点滴，更是在感受那个时代的温度与色彩。

因此，阅读信件，就是在阅读人生的波澜壮阔，感受生命的细腻涟漪；它是我们在世间行走的足迹，是通往外界的一扇窗、一扇门；它是时间赠予的宝贵礼物，是写信人智慧与收信人情感共鸣的结晶；它更是一种时代的印记，记录着那些无法复制的瞬间与永恒。

三、新的阅读教育工作

随着李老师与左老师光荣退休，我承蒙学校重托，接过了校图书馆的接力棒。那是一个计算机技术初露锋芒的时代，纸质书籍仍是阅读舞台上的主角，图书馆内人潮涌动，书香四溢。我细心为师生们办理了众多图书借阅证，并设立了阅读课代表制度，学生们以极大的责任感每日清点、整理、呵护每一本借阅的书籍，确保它们能按时归巢。尽管偶有不按时归还或书籍遗失、损坏的小插曲，但这些挑战却成了我专业成长的磨刀石。我学会了书页修补的技艺，更掌握了处理借阅纠纷的艺术，以和蔼而不失原则的态度，用深情的劝导代替冰冷的指责，构建了师生间和谐的沟通桥梁。这段经历，无疑为我日后的工作生涯奠定了坚实的基础。

随着计算机与网络的迅猛发展，阅读也悄然步入了数字化时代。得益于教委的专业培训，我们图书管理团队紧跟时代步伐，掌握了图书馆业务的电脑化操作。图书馆迎来了贴纸、专用条码、打印机等现代化设备，以及 U 盘启动网页和二维码扫描器等新技术的加持，实现了书籍信息的全面数字化管理。我投入了一个学期的辛勤努力，专门负责将馆藏书籍逐一录入系统。尽管面对的是大量年代久远的书籍，录入过程烦琐且耗时，每本书籍的录入都须细致核对，平均耗时五分钟，但我乐此不疲，加班加点，最终与同事们携手合作，圆满完成了这项艰巨的任务，成功将图书借阅带入了网络时代。

新系统的启用，初时虽感陌生，但经过多次实践，我逐渐熟练掌握了这套高效的图书借阅流程。它以清晰、规范的方式记录着每一本书的借阅与归还情况，扫描器的应用更是极大地简化了借还手续，让借阅信息一目了然，相比传统的手工记录方式，这无疑是一场革命性的飞跃。虽然与现今大数据背景下的智慧图书馆相比，当时的设备与技术尚显朴素，但从纸质借阅到电子化操作的转变，无疑是图书馆行业向前迈出的一大步。

阅读教育，这一承载着文明传承与智慧启迪的事业，始终与时代同行，闪耀着创新与进步的光芒。在一代又一代阅读人的不懈努力下，它不仅见证了思想的繁荣与学习的飞跃，更推动了社会文化的整体进步。每一次技术的革新，都是对阅读教育边界的拓宽，让我们在时代的浪潮中，不断收获知识的果实，享受学习的乐趣。

第八章　阅读教育名著

让教育名著的深邃智慧，成为照亮教育人生旅途的璀璨灯塔。这些经典之作，宛若心灵的诤友与导师，引领我们穿梭于知识的海洋，每一次翻阅都如同品味佳肴，回味无穷，其魅力跨越时空，历久弥新，恰似一坛陈年佳酿，岁月沉淀下越发醇厚，芬芳四溢，绽放出迷人而不朽的光芒。

在教育这片广袤的田野上，名著如同璀璨星辰，以其独特的视角和深邃的见解，启迪着每一位教育者的心智，激发我们对教育本质的深刻思考。它们不仅传授了教学方法与技巧，更重要的是，传递了关于人性、成长与爱的深刻哲理，让我们在教育的道路上，能够心怀敬畏，以更加宽广的胸怀和深邃的洞察力，去理解和培育每一个独特而宝贵的生命。

一、阅读教育名著　做智慧老师

要成为一名智慧教师，其精髓在于保持一颗谦逊好学之心，勇于向他人取经，尤其是通过深入研读教育名著，让心灵成为智慧与灵感的沃土。在这些不朽篇章的滋养下，我们不仅是在汲取前人的智慧甘露，更是在心田悄悄播撒下教育的种子，静待其生根发芽，茁壮成长为枝繁叶茂的教育事业之林，最终收获满园桃李的芬芳与教育的累累硕果。

沉浸于孔子"有教无类"的博大胸怀、叶圣陶先生对语文教育改革的深邃洞察、蔡元培先生"兼容并包"的教育思想，以及苏霍姆林斯基对孩子心灵成长的细腻关怀之中，每一次翻阅都如同经历了一场场思想的洗礼，心灵受到前所未有的震撼与启迪。这些教育巨匠的智慧之光，不仅照亮了我们的教育之路，更激发了我们对教育事业的无限热爱与深刻反思，促使我们在实践中不断探索与创新，以更加科学、人文的方式引领学生的成长与发展。

（一）圣人孔子的教育理论

孔子，这位享誉全球的中国儒家教育巨匠，其思想精髓深邃而广远。《论语》，作为儒家学派的瑰宝，由孔子的亲传弟子及后世学者精心编纂，以精练的语录体形式，生动记录了孔子及其门徒的言行举止，深刻展现了孔子博大精深的教育哲学与原则。全书共分为二十篇，语言凝练而意蕴深远，字里行间流淌着穿越时空的智慧之光，众多箴言至今仍被世人视为圭臬，指引着人们前行的方向。

在《论语》的篇章中，孔子展现了其独步古今的"因材施教"教育理念。面对性格迥异、资质不同的学生，他总能敏锐洞察其独特之处，依据每个人的素质、优缺点、道德修养及学业进展等具体情况，量身定制教学方案，给予恰到好处的指引与教诲。这种诲人不倦的精神，无疑是教育史上的一盏明灯。

以《颜渊》篇为例，面对弟子们对"仁"的探寻，孔子依据提问者的不同特质，给出了各具特色的答案。对学养深厚的颜渊，他直陈"克己复礼为仁"，勾勒出"仁"学的宏大框架；而对仲弓与司马牛，则分别细化为"己所不欲，勿施于人"的处世原则与"仁者其言也讱"的言行规范，体现了因材施教的细腻与精妙。

再如面对"闻斯行诸？"的同一问题，孔子根据子路勇猛有余而思虑不足的特点，劝其"有父兄在，如之何其闻斯行之"，意在培养其沉稳；而对性格内向、略显退缩的冉有，则鼓励其"闻斯行之"，以激发其行动力。这一系列生动的教学实例，不仅彰显了孔子因材施教的卓越智慧，更蕴含了他对学生深切的关怀与高度的责任感，令人感佩不已。

因此，因材施教不仅是教师必备的基本功，更是促进学生多元化、个性化发展的关键所在。它要求教师具备敏锐的洞察力与深厚的专业素养，能够根据学生的不同情况灵活调整教学策略与方法，制定个性化的教育目标，从而使教育过程更加生动、有效，充满渗透力与发展力。在这样的教育环境下，每一个学生都能得到最适合自己的滋养，绽放出独特的光彩。

（二）叶圣陶先生的教育理论

叶圣陶，这位我国现代教育史上璀璨的巨匠，其卓越贡献不仅铸就了教育领域的辉煌篇章，更让他赢得了"一代宗师"的美誉。他的教育思想，如同深邃的海洋，既广博又精深，跨越了近一个世纪的时光长河，仍旧熠熠生辉，为当代中国基础教育课程改革的航程指引着方向。《叶圣陶教育文集》，这部汇聚了他教育智慧的瑰宝，通过"教育杂谈""教学杂谈"及"语文杂谈"三大维度，系统地展现了他对教育本质的独到见解与深刻洞察。书中每一篇文章，皆是跨越时代的智慧结晶，即便置于今日之教育语境下，依然闪耀着启迪人心的光芒，为现代教育实践提供了宝贵的镜鉴与指引。

叶老的至理名言，字字珠玑，发人深省：

第一，他告诫我们，"培育能力的事必须继续不断地去做，又必须随时改善学习方法，提高学习效率，才会成功。"这不仅是对教师教学方法的鞭策，更是对学生自主学习能力培养的殷切期望。

第二，"理想是事业之母。"这简短而有力的话语，激励着每一位教育工作者及学子，以高远之志，铸就辉煌之业，让理想成为驱动前行的不竭动力。

第三，"读书忌死读，死读钻牛角。"叶老此言，深刻揭示了学习之道在于灵活变通，避免盲目死记硬背，倡导理解与创新并重的阅读与学习态度。

读罢《叶圣陶教育文集》，心中感慨万千。作为教师，我们当以理想为灯塔，照亮学生的心灵之旅，同时，更须掌握科学有效的教学方法，引导学生掌握学习的钥匙，避免陷入学习的误区。唯有如此，方能让学生在理想的天空下自由翱翔，以智慧与勤奋为翼，成就一番不凡事业。叶圣陶先生的教育思想，如同璀璨星辰，穿越时空的阻隔，依旧照亮着教育前行的道路，激励着我们不断探索，勇于创新，共同书写中国教育的辉煌新篇章。

（三）蔡元培先生的教育理论

蔡元培先生，作为中国新文化教育事业发展的巨擘，其贡献卓越非凡，被誉为"学界泰斗，人世楷模"。他匠心独运，提出了"五育并举"的教育方针，即军国民主义教育、实利主义教育、公民道德教育、世界观教育与美感教育的和谐共生，以及"尚自然，展个性"的儿童教育理念，为培养全面发展的人才奠定了坚实基础。作为近现代美育的先驱，蔡元培先生倡导从家庭、学校到社会，全方位渗透美育思想，他深信，美育的力量能润物细无声地滋养孩童心田，使他们在舞蹈的旋律、歌声的悠扬、手工的创造中感受美的韵律，更在日常学习的点滴，如计算的精准排列、说话的悦耳音调中，领略到知识的美感，让学习不再是枯燥无味的重复，而是充满美感与乐趣的探索之旅。

蔡元培先生的教育论著，如《蔡元培教育文选》《蔡元培教育论著选》等，不仅是学术的瑰宝，更是指导教育实践的光辉灯塔。他对于教师的要求，更是体现了其深刻的教育哲学与人文关怀。在他看来，教师不仅是知识的传递者，更是道德的楷模与灵魂的工程师。他强调："若无德，则虽体魄智力发达，适足助其为恶。"这一论断，深刻揭示了教师品德修养的重要性，认为高尚的品德是教师职业不可或缺的基石。

同时，蔡元培先生亦重视美育在陶冶性情、净化心灵方面的独特作用，他认为纯粹的美育能够培养人们高尚纯洁的情感习惯，逐渐消弭自私自利之心，增进人与人之间的和谐与理解。这一思想，不仅是对教师个人修养的期许，也是对教师培养学生美好品德的深切期望。

此外，"囊括大典，网罗众家；思想自由，兼容并包"的学术精神，更是蔡元培先生对教师提出的高远要求。他鼓励教师广泛涉猎，博采众长，保持思想的开放与自由，以包容的心态接纳不同的学术观点与思想流派，从而丰富自己的知识体系，提升教学能力，更好地启迪学生的智慧，引导他们健康成长。

综上所述，蔡元培先生对教师的要求，既注重德才兼备，又强调美育与学术自由的结合，这些思想对于当今的教育实践仍具有深远的指导意义，激励着我们不断追求卓越，为培养更多德智体美劳全面发展的社会主义建设者和接班人而不懈努力。

（四）苏霍姆林斯基的教育理论

苏霍姆林斯基，这位教育领域的璀璨星辰，以其毕生心血铸就了包括《帕夫雷什中学》《和青年校长的谈话》《给教师的一百条建议》《把整个心灵献给孩子》《公民的诞生》和《怎样培育真正的人》等在内的四十余部理论巨著，这些作品跨越国界，以三十余种语言闪耀于世界教育舞台，被誉为"活的教育学"与"学校生活的百科全书"，展现了理论与实践的完美交融。

他对于儿童教育的深刻理解，如同涓涓细流，滋养着每一个渴望成长的心灵：他坚信，唯有触动学生内心，激发其自我教育的潜能，方为教育之真谛；美，作为一股无形的教育力量，能够引领孩子领略快乐与满足，塑造其灵魂；教育者不仅是知识的传递者，更是情感的培育者，教会学生以敬畏之心对待真理，以热忱之情拥抱善良，以决绝之态抵制邪恶；在教育的征途上，每位教师都应怀揣宽容之心，包容孩子的稚嫩与不足；而体力劳动，则是开启孩子心智、激发道德、智力与审美情感的钥匙，让他们的世界因此而丰富多彩，更加饱满。

苏霍姆林斯基的教育理念，深刻体现了他对学生作为独立个体的尊重与关爱，引领我们重新审视学生——他们是如此真实而生动，需要教师以科学的眼光洞察其心灵成长的轨迹，引导他们学会欣赏美、追求真理、珍视劳动的价值，从而构建一个丰富而健康的情感世界，助力其茁壮成长。

对于教师，他同样寄予厚望：优秀的教师，不仅是心理学与教育学的行家，更是学生心灵的守护者与引路人；他们的关爱与呵护，将在学生心中镌刻下永恒的印记；教师不仅是知识的传授者，更是学生生活、道德与精神的导师；教育艺术的精髓，在于捕捉并点燃学生内心的上进心与自我激励之火，而这火种的源头，往往源自于教师对学生优点的敏锐洞察与肯定。

因此，教师职业远非简单的教书匠，而是灵魂工程师，须不断提升自我素养与能力，以烛光之温暖照亮学生前行之路，以关爱为基石，构建和谐的师生关系，让学生在爱与尊重的氛围中快乐学习，勇于探索，最终成为社会的栋梁之材。

总而言之，阅读教育名著，汲取教育大家的智慧之光，不仅是教师日常教学的宝贵资源，更是提升自我、促进学生全面发展的必经之路。在这个日新月异的时代，教师唯有与时俱进，不断精进，方能肩负起培养未来、贡献国家的重任，让教育的力量在文明的传承与国家的富强中熠熠生辉。

二、阅读教育名著　进行教育实践

沉浸于教育名著的深邃海洋后，我的写作视界得以拓宽，思维脉络焕然一新。在撰写阅读教育论文的过程中，我不仅实现了理论层面的深刻总结与飞跃提升，更收获了令人欣慰的学术成果。我致力于在阅读教育的广阔天地中，深入探寻并灵活运用其内在规律，力求成为一位用心至深、技艺精湛的阅读领航者。

每当目睹阅读教育这片花园中，因我的引导而绽放出姹紫嫣红、生机勃勃的景象时，那份由内而外的喜悦与自豪便如泉水般涌上心头，成为我前行路上最动人的风景。这不仅是学生成长的见证，更是对我教育理念的最好诠释与肯定。

展望未来，我深知在教育名著的璀璨星光引领下，探索之路永无止境。我将秉持初心，继续深化对阅读教育的研究与实践，不断提升自我，力求在教育的田野上耕耘出更加丰饶的果实。我的目标，是让每一位学生在阅读的海洋中自由翱翔，汲取智慧，滋养心灵，最终成为社会的栋梁之材，让阅读的种子在他们心中生根发芽，绽放出最灿烂的光彩。

（一）"生活即教育"学说思辨

——阅读《陶行知教育名篇》有感

摘要：

陶行知先生，作为中国近现代教育史上一位杰出的思想家与实践者，其于1927年创立的"生活即教育"学说，犹如一股清泉，穿越历史的长河，至今仍在中国教育的广袤土地上潺潺流淌，与当代倡导的"素质教育"理念交相辉映，展现出跨越时代的生命力与深远影响。本文旨在深入剖析"生活即教育"学说的精髓所在，通过细致的理解、深刻的思考与明辨，揭示其蕴含于民主精神、创造活力、劳动价值以及"教学做合一"等核心要素之中的丰富内涵。

在这一学说的光辉照耀下，我们尤为关注其实践层面的深远意义。陶行知先生不仅提出了理论框架，更身体力行，鼓励并引导广大教育工作者成为一流的教育家，激发他们内在的智慧与潜能，致力于将教育理念转化为推动社会进步、提升民众福祉的强大动力。这一过程，不仅是教育方法的革新，更是教育理念的根本性转变，旨在通过教育促进每一个人的全面发展，进而构建和谐、幸福的社会图景。

"民主"在"生活即教育"中体现为教育环境的开放与包容，鼓励学生参与、表达，培养批判性思维与公民意识；"创造"则强调教育的创新性与实践性，鼓励学生勇于探索未知，用双手和智慧创造美好生活；"劳动教育"则根植于生活的土壤，让学生在劳动中体验价值、学会尊重与感恩；"教学做合一"更是这一学说的精髓所在，它倡导教育与实践的紧密结合，让学生在做中学、学中做，实现知识的内化与能力的飞跃。

综上所述，陶行知先生的"生活即教育"学说，不仅是对传统教育模式的深刻反思与超越，更是对未来教育发展方向的远见卓识。它如同一盏明灯，照亮了我们前行的道路，激励着我们不断追求教育的真谛，为培养具有创新精神、实践能力、社会责任感的高素质人才而不懈努力，共同迈向一个更加美好、和谐的社会未来。

关键词：陶行知先生；"生活即教育"学说；教学做合一；一流教育家；教育创新

享誉中外的教育家陶行知先生，其独树一帜的"生活即教育"学说，犹如一股清泉，穿越时空的界限，与当今时代所倡导的"素质教育"理念不谋而合，共同铺就了一条通往教育理想国的大道。细细品味陶先生这一深邃学说，我们不难发现，两者虽生于不同时代，却如同两条并行不悖的河流，共同流向了促进人的全面发展、提升社会文明素养的广阔海洋。

1. 素质教育的提出及发展

1985年5月，邓小平同志在全国教育工作会议上，高瞻远瞩地提出了劳动者的素质提升与知识分子数量及质量的并重的指示，这一深刻见解如同春风化雨，为教育改革播下了希望的种子。同年，《中共中央关于教育体制改革的决定》犹如一盏明灯，明确照亮了前行的道路："在整个教育体制改革过程中，必须牢牢记住改革的根本目的是提高民族素质，多出人才、出好人才。"

此后，从《中华人民共和国义务教育法》的庄严颁布，到《中共中央关于社会主义精神文明建设指导方针的决议》的宏伟蓝图，再到中共十三大报告的深远规划，素质教育如同一条清晰的主线，贯穿其间，成为推动我国教育事业发展的不竭动力。这些重要文献，共同构成了素质教育理念的最初萌芽与坚实基石。

时间流转至1993年，历史的车轮驶入了一个新的纪元。2月13日，中共中央、国务院携手发布的《中国教育改革和发展纲要》，以及同年8月《中共中央关于进一步加强和改进学校德育工作的若干意见》，均以铿锵有力的笔触，再次强调了"素质教育的迫切性"，如同号角般响彻云霄，激励着每一个教育工作者投身于这场深刻的教育变革之中。

如今，素质教育的观念已不再仅仅停留于理论层面，它已化作各地各部门积极探索与生动实践的涓涓细流，汇聚成推动教育进步的磅礴力量。以人为本的教育理念，如同温暖的阳光，照亮了每一个孩子的心灵，让教育回归本质，关注每一个生命的成长与绽放。一个以素质教育为核心的教育质量体系正在逐步构建，中小学素质教育更是展现出勃勃生机，一幅幅生动活泼、全面发展的教育画卷正在我们面前徐徐展开。

2. 陶行知先生的"生活即教育"学说的作用

陶行知先生，作为中国"五四"新文化运动时期教育革新的先锋，他敏锐洞察时代脉搏，于1927年在南京这片沃土上，亲手培育出了晓庄试验乡村师范学校这朵教育改革的奇葩。在此，他创造性地提出了"生活即教育"这一划时代学说，让教育之根深植于人民心田，让知识的种子在社会的每一个角落生根发芽。此学说旨在通过教育的力量，不仅提升学生的文化素养与科学水平，更激发他们的远大志向，培养他们成为引领时代的佼佼者，从而开创了符合中国人民需求、具有鲜明中国特色的教育新篇章。

"生活即教育"学说，如同一股清新的风，吹散了旧教育体制的尘埃，其蕴含的中国时代特色与深邃思想，不仅在当时社会引起了强烈共鸣，赢得了进步教师与劳苦大众的热烈响应，更跨越国界，吸引了全球教育家的目光，成了世界教育宝库中一颗璀璨的明珠。

时至今日，陶行知先生的教育智慧依旧熠熠生辉，"生活即教育"学说在全国范围内焕发出新的生机与活力。它不仅为提升中华民族的整体素质提供了坚实的理论基础，更为推动我国教育现代化进程注入了不竭的动力。在理论与实践的双重驱动下，这一学说正引领着我国教育事业不断向前发展，为培养更多具有创新精神与实践能力的人才，构建学习型社会，实现中华民族的伟大复兴贡献力量。

3. 陶行知先生的"生活即教育"学说内涵

（1）陶先生的解释

在陶行知先生的深邃理念中，"生活即教育"的"生活"，被赋予了生命跃动的意象，它如同自然界中一粒种子，历经破土而出、苗壮成长直至绚烂绽放的历程，展现出一种生生不息、动态鲜活的生命力。这里的"生活"，不仅是时间的流逝与空间的延展，更是心灵与智慧的滋养，是生命价值与意义的不断探索与实现。

而"生活即教育"中的"教育"，则被陶先生赋予了"新教育"的时代内涵，它不仅是与时代脉搏同频共振的教育形态，更是对传统教育模式的深刻反思与超越。这里的"新"，寓意着持续不断的革新与自我超越，既体现在教育内容与形式的日新月异，也要求教育者以全新的视角、理论与方法，去重塑学生的成长经验。陶先生所倡导的"新教育"，是运用最前沿的学术理论与教学方法，激发学生的潜能，引导他们自主、自信地投身于各种社会实践之中，从而孕育出新型的学校、学生、教师、课程、教材及评价体系，共同绘制出一幅幅生动多彩的教育新图景。

"生活即教育"，从根本上打破了生活与教育的界限，将二者视为一个不可分割的整体。在陶行知先生的构想中，教育不再是游离于生活之外的抽象概念，而是深深植根于生活的土壤之中，与人们的日常生活紧密相连、相互渗透。人们过着怎样的生活，便接受着怎样的教育；而教育的内容与方式，也应随着生活的变化而不断调整与优化。在这一过程中，"做"成了教育的核心与灵魂，它不仅是知识的实践与应用，更是创造力的展现与提升。通过"做"，学生能够发现自我、挑战自我、超越自我，从而在劳力与劳心的交织中，实现心智与能力的双重飞跃。

因此，陶行知先生的"生活即教育"理念，不仅是一种教育哲学的体现，更是一种对教育本质的深刻洞察与追求。它鼓励教育者以生活为舞台，以实践为桥梁，引导学生勇敢地走出课堂、走向社会，去探索、去创造、去建设、去生产、去破坏、去奋斗、去寻找属于自己的光明之路。在这样的教育下，每一个学生都能成为生活的主人、学习的主体、创造的先锋，共同推动社会的进步与发展。

（2）陶先生学说的实现分为三项内容来理解

首篇探讨的，乃是生活与教育之间那微妙而深刻的辩证关系。生活，作为教育的沃土，源源不断地为其注入活力与灵感；教育，则如同生活的灯塔，照亮前行的道路，两者相互依存，相得益彰。生活不仅是教育的源泉，更是其最终归宿，教育则是生活智慧的提炼与传承，二者交织共生，密不可分——生活之中处处皆教育，非生活则教育无所依。

进而，我们步入第二篇章，这里绘就了健康、劳动、科学、艺术、改造、计划六大宏伟蓝图，它们如同六颗璀璨的星辰，指引着生活教育的方向。陶行知先生以其独到的见解，将生活与教育紧密相连，提出"生活即教育，社会即学校"的核心理念。他巧妙地将笼中小鸟翱翔天际的意象，喻为教育挣脱束缚、融入社会的壮丽图景，强调教育应如生活般广阔无垠，社会则成为最生动的课堂。此理念之下，教育不再局限于校园之内，而是延伸至社会的每一个角落，成为推动社会进步的重要力量。

这一教育理想的实现，历经三个阶段的蜕变与升华。初时，生活与教育各自为营，界限分明；继而，二者开始融合，教育逐渐融入生活，学校与社会的界限变得模糊，教育生活化、社会化成为共识；终至最高境界，生活即教育，社会即学校，历史与现实交汇，教育达到了其最本真、最广泛的形态。陶行知先生以"达民之情，遂民之欲"为旨归，强调教育应顺应人性，满足人民对美好生活的向往，将"天理"与"人欲"和谐统一于生活教育之中。

尤为值得一提的是，陶先生通过生动的实例，阐释了训育与生活的紧密联系。他以天干打井取水为例，展现了在解决实际问题中，教育如何自然而然地融入民众生活，无论是老妪还是稚童，皆可在生活中接受教育，获得成长。这一过程，不仅丰富了教育的内涵，也拓宽了教育的边界，让"生活即教育"的理念在实践中落地生根。

至于第三项内容，陶行知先生深刻指出，教育应紧跟时代步伐，与时俱进。他倡导我们拥抱现代生活，创办适应时代需求的学校，实施符合时代精神的教育。这种教育理念，既强调教育的时效性，又注重其深远的影响与目的，鼓励我们在继承传统的基础上勇于创新，脚踏实地地推动教育事业的发展，真正实现"生活即教育"，让教育成为造福大众、推动社会进步的强大动力。

（3）陶先生的理论涉及方面

陶行知先生的"生活即教育"理论，其光辉之处远不止于生活的直接映射，更深刻地触及了民主、创造、劳动教育以及教学做合一的核心理念。陶先生以其深邃的洞察力，指出民主的内涵与意义正随着时代的脉搏不断演进，它不仅仅局限于政治领域，而是广泛涵盖了经济、文化、社会乃至国际的广阔天地。在陶先生眼中，真正的民主是民生主义的实践，是自由无碍的展现，是教育资源的公平共享，是社会关系的深刻变革，更是中华民族走向世界舞台，拥抱国际民主的伟大征程。

他深情地描绘道：民主，如同精神的维他命，为我们注入不竭的力量与活力，引领我们跨越重重障碍，驱散历史的阴霾，共同构建一个自由、独立、进步的新中国，以及一个富足、平等、幸福的新世界。在这片充满希望的土地上，每个人都能享受到民主的阳光，都能在生活的每一个角落感受到教育的温暖。

在创造教育的领域，陶先生更是独树一帜。他坚信，创造源于行动，行动激发思想，思想则孕育出新的价值。这一过程，正如他生动比喻的那样——"行动是老子，思想是儿子，创造是孙子"，三者相辅相成，共同推动着人类文明的进步。他鼓励教育者与学生一同在生活的田野上播种、耕耘，让创造的种子在实践的土壤中生根发芽，苗壮成长。

劳动教育，则是陶行知先生教育理念中不可或缺的一环。他认为，劳动不仅是生存的手段，更是人格完善的途径。通过劳动，学生可以学会独立自强，培养坚韧不拔的意志品质，更能在劳动中发现生活的美好与价值。这种教育理念，不仅有助于学生的全面发展，更为社会的和谐与进步奠定了坚实的基础。

至于教学做合一，则是陶行知先生对教学方法的精辟总结。他主张教学应紧密联系实际，让学生在实践中学习，在学习中实践，从而达到知行合一的境界。这种教学方法，不仅提高了学生的学习兴趣和积极性，更培养了他们的实践能力和创新能力，为他们的未来发展铺设了坚实的道路。

①民主教育

民主教育，其精髓在于赋予每个人成为主人翁的力量——不仅是自我命运的掌舵者，更是国家昌盛与世界和谐的推动者。这是一场民有、民治、民享的教育革命，它以人民为核心，由人民发起，旨在为人民的幸福与福祉铺路架桥。民主教育，如同一股清泉，滋养着每一个渴望成长的心灵，让"天下为公"的理想照进现实，激发内心深处的觉悟与创造力。

在这片教育的沃土上，每个人都能找到属于自己的舞台，各展所长，各取所需，相互传授，共同进步。民主不仅存在于课堂之外的政治生态，更深深植根于日常学习生活的每一刻，让人们在实践中学习民主的真谛，享受教育的便利与乐趣。现代科技的融入，如同为教育插上了翅膀，让知识的传播跨越时空限制，加速着全民素质的提升。

民主教育，是一场关于大众觉醒与自我实现的壮丽诗篇。它强调教育的目的性与大众的地位，视每一位学习者为璀璨星辰，相信星星之火可以燎原，共同照亮中国前行的道路。在这场教育革新中，我们怀揣着对未来的无限憧憬，对真理的不懈追求，致力于解放思想的枷锁，拓宽视野的边界，让每一个声音都能被听见，每一份力量都能得到释放。

随着时代的车轮滚滚向前，民主教育也在不断进化与丰富，它不断吸纳新的生活元素与思想精髓，却始终坚守着为大众服务、追求真正民主的初心。在这条充满挑战与机遇的道路上，我们携手并进，以民主为舟，以教育为帆，向着更加辉煌的未来进发。在为大众幸福而不懈努力的征途中，"生活即教育"的理念如同灯塔一般，照亮我们前行的方向，引领我们在世纪的大道上阔步前行。

②创造的教育

陶先生强调，创造教育应始于童真，释放儿童的天性，鼓励他们投身于富有意义的活动之中，让智慧的火花在自由与探索中璀璨绽放。这不仅是对个体潜能的深切期许，更是对教育发展方向的明确定位——培养具有创新精神的新时代人才，为社会的进步与发展奠定坚实的基础。

他倡导的教育，是根植于生活的沃土，于日常点滴中汲取智慧与灵感。

书本，仅是探索未知世界的众多钥匙之一，而生活的广阔舞台，才是教育的真正源泉。在这里，学习不再是空洞的理论堆砌，而是与行动紧密相连的实践探索；教育的目标，也不再是简单的知识传授，而是激发创造力，引导人们勇于开拓，敢于创新，以新的视角审视世界，以无畏的精神创造未来。

陶先生所构想的创造教育，是一种全方位、平等参与、注重实践的新型教育模式。它旨在通过这种新教育，培育出具有全新视野、独立思考能力与创新精神的新大众。这些新大众，将如同璀璨星辰，照亮人类前行的道路，他们不仅将自身的才华与智慧贡献给社会，更将引领全人类共同投身于创造新世界的伟大征程中，共同编织一个更加美好、幸福的未来图景。

③劳动教育

陶行知先生深刻洞察教育的多维价值，尤为强调劳动教育的重要性。在他看来，劳动教育不仅是塑造健全人格的关键一环，更是滋养健康体魄、启迪科学思维、激发艺术灵感、培育社会改造精神的沃土。它如同教育的基石，稳固地支撑着个体全面发展的架构，使孩子们在劳动中学会动手实践，敏锐捕捉生活中的劳动契机，从而学会观察、思考并付诸行动，逐渐养成独立自主、勤勉尽责的优秀品质与能力。

这一教育理念，与当今素质教育理念不谋而合，是对国家教育政策与方针的深刻践行。它明确指出了国家对新一代青少年的殷切期望与具体要求，即不仅要拥有丰富的知识储备和卓越的创新能力，更须具备扎实的劳动技能、良好的劳动习惯以及勇于担当的社会责任感。通过劳动教育，我们旨在培养出一批既能够仰望星空、追求梦想，又能够脚踏实地、勤勉奉献的新时代建设者和接班人，共同绘制中华民族伟大复兴的壮丽画卷。

④教学做合一

陶行知先生对于教育的深邃思考，最终汇聚于"教学做合一"这一核心理念之中，它不仅是生活教育的精髓与方法论，更是构筑学校教育基石的坚固支柱。在陶先生的哲思里，教学做合一并非孤立的概念，而是紧密相连、相辅相成的整体。教师以"做"为教，方显教育之真谛；学生以"做"

为学，方能领悟知识之精髓。讲解与阅读，皆非目的，而是"做"的延伸与辅助，它们与实际行动紧密融合，共同推动知识的内化与能力的提升。

以种稻为例，陶先生巧妙地将理论与实践相结合，指出教学的目的在于实践，实践又反过来促进教学的深化。讲解种稻的知识，不是为了空谈理论，而是为了指导实际的耕作；阅读种稻的书籍，亦非单纯为了积累知识，而是为了在田间地头更好地应用。如此，看书、讲解与种田三者融为一体，相互促进，共同推动着知识的增长与技能的精进。

这一过程，正是对"生活即教育"理念的生动诠释与深入实践。在陶行知先生的教育哲学中，生活与教育紧密相连，不可分割。教育源于生活，又服务于生活，而"教学做合一"正是这一理念在教学方法上的具体体现。它要求我们在实践中学习，在学习中实践，真教、真学、真做，三者相互依存，相互促进，共同构成了生活教育的完整生态。

因此，当我们谈及"教学做合一"时，实际上是在探讨一种以生活为本源，以实践为核心，以全面发展为目标的教育模式。它鼓励我们走出书本的束缚，走进生活的广阔天地，用双手去创造，用心灵去感受，用智慧去探索，最终实现个人价值与社会进步的和谐统一。

⑤ "生活即教育"实施的特质

陶行知先生的"生活即教育"学说，蕴含了六大鲜明特质，每一特质均如璀璨星辰，照亮教育前行的道路。

首先，其生活性特质强调，教育非但非独立于生活之外，反而是生活本身的一面镜子，映照出生活的丰富多彩与瞬息万变。教育的火花，正是源自生活那永不熄灭的火焰，两者相互映照，共生共荣。

其次，行动性特质则揭示了行动在教育中的核心地位。陶行知先生认为，"行是知之始"，即实践是知识的源泉。行动不仅催生理论，更推动其不断发展与完善，而理论的价值，则在于指导更为深远与高效的行动。这种"即行即知"的哲学，赋予了教育以鲜活的生命力。

再者，大众性特质彰显了教育的广泛性与普及性。生活教育不是少数人的特权，而是面向全体大众的教育盛宴。大众通过"即知即传"的方式，将生活的智慧与教育的果实传递给每一个渴望成长的心灵，共同推动社会的文明与进步。这种教育，是真正的人民教育，是解放大众、引领大众向前的强大力量。

前进性特质则强调了教育的方向与使命。在陶行知先生的视野中，生活与教育都应向着光明与未来迈进。通过"生活即教育"的实践，人们得以不断超越自我，追求更加美好的生活与更加先进的知识体系。这种教育，是催人奋进的号角，是引领时代潮流的灯塔。

世界性特质则将教育的视野拓展至全球。在陶行知先生看来，整个中国和世界都是我们的学校，每一处生活的角落都是我们自我教育的场所。这种教育打破了地域与国界的限制，让每一个个体都能在全球化的浪潮中汲取养分、茁壮成长。它让我们从狭小的鸟笼中挣脱出来，飞向更加广阔无垠的森林。

最后，历史联系性特质则赋予了"生活即教育"以深厚的文化底蕴和历史使命感。陶行知先生主张有选择地接受历史教训，以史为鉴、面向未来。他认为，"生活即教育"的出发点和落脚点在于推动中国和世界的进步与发展，培养能够担当历史重任的新一代中国人。这种教育不仅是知识的传承与技能的培养，更是民族精神的弘扬与革命理想的接力。它引领着我们从教育的道路上发展中国的革命事业，共同迈入一个崭新的纪元。

⑥陶先生的期望

陶行知先生心怀高远，对教育家之角色寄予厚望，他呼吁同人应超越世俗框架，成为真正的教育领航者。他期望的教育家，非政客之附庸，非书斋之蠹虫，亦非经验之囚徒，而是勇于探索未知、敢于开拓边疆的先锋。

首先，他期盼着能涌现出"敢探未发明的新理"之教育家，他们应具备非凡的智慧与勇气，敢于在教育的混沌中披荆斩棘，发掘那些尚未被揭示的奥秘与真理。这些教育家不仅要有创新的胆识，更须付诸实践，将新理念转化为推动教育进步的强大动力，引领新教育时代的到来。

其次，陶行知先生呼唤着"敢入未开化的边疆"的教育勇士。他们面对艰难困苦，无所畏惧，甘当边疆教育的拓荒者，致力于将知识的种子播撒到那些贫瘠而渴望的土壤中。这不仅是对教育资源均衡分配的深切关注，更是对新时代教育公平与普及的坚定承诺。他们的工作，不仅彰显了个人的魄力与担当，更为新教育指明了方向，树立了目标。

在陶行知先生的眼中，敢于创造、敢于开辟的教育家，方为真正的一流教育家。他们以其卓越的贡献，照亮了教育的道路，也温暖了社会的每一个角落。这份殷切的期望，不仅是对教育家的鞭策与激励，更是对新时代素质教育改革的深切呼唤与期待。

回望陶行知先生的"生活即教育"学说，其观点之新颖、过程之具体、目的之明确，至今仍闪耀着智慧的光芒。尽管时代变迁，教育内容须不断更新，但陶行知先生的教育思想与理论，无疑是中国近代教育史上的一座丰碑。它启迪着教育者的智慧，激发着大众的潜能，让我们在生活的点滴中感悟教育的真谛，收获满满的知识与成长。

如今，素质教育已成为新时代教育改革的共识与方向。陶行知先生的"生活即教育"理论，正以其独特的魅力与实践价值，为教育改革提供着坚实的理论支撑与实践指导。它推动着素质教育的发展与进步，也引领着我们向着更加美好的未来迈进。

（二）阅读教育的思索：新时代教师阅读走向何方？

1. 时代的呼声

教育，这一国家之根本、民族之未来，始终被置于党与国家发展战略的核心位置。在新时代的浪潮中，坚持教育优先发展的战略部署，致力于构建人民满意的新型教育体系，已成为引领社会进步的鲜明旗帜与宏伟蓝图。

习近平总书记在党的二十大报告中高瞻远瞩地指出："我们要全面贯彻党的教育方针，落实立德树人根本任务，培养德智体美劳全面发展的社会主义建设者和接班人，加快建设高质量教育体系，发展素质教育，促进教育公平。"这一重要论述，不仅为新时代教育指明了方向，也赋予了教育工作者前所未有的使命与担当。

在此时代背景下，教师的角色显得尤为关键。他们不仅是知识的传递者，更是学生心灵的引路人，肩负着塑造未来、培育英才的重任。教师的"师德"与"能力"，如同双翼，共同托举起学生翱翔于梦想的天空；而学生则须坚定正确的政治方向，全面提升综合素质，以成为担当民族复兴大任的时代新人。

面对素质教育改革的浪潮，教师群体正站在历史的转折点上。教学标准的统一化，要求教师在传授知识的同时，必须不断探索新的教学方法与手段，以适应时代的需求。因此，对于每一位教师而言，保持持续的学习与自我更新，成了不可或缺的必修课程。而阅读，作为获取新知、启迪智慧的重要途径，更应成为教师日常生活中不可或缺的一部分。

随着社会的日新月异、文化的繁荣昌盛、科学的飞速发展，阅读的内容与形式也在不断地演变与革新。我们既要珍视并传承那些历经时间考验的经典之作，又要勇于拥抱新时代的阅读风尚，让传统与现代在阅读中交融共生，共同推动人类文明的进步与发展。

2. 新时代教师阅读走向何方？

在新时代的浩瀚书海中，教师的阅读之旅承载着深远的意义与使命。首先，教师的"师德"之光，恰似阅读之灯，照亮自我完善的道路。通过阅读，教师们得以在历史长河中汲取前贤的智慧与品德，于字里行间自省、自励，将高尚的道德情操内化于心，外化于行。良好的师德，是教师职业的基石，它不仅是塑造学生灵魂的灯塔，更是引领学生航向正确政治方向的舵手。在这个意义上，阅读不仅是对自我修养的滋养，更是对下一代精神世界的精心培育，其重要性不言而喻，应成为每位教师不懈追求的方向。

其次，教师的"能力"之翼，须以坚实的师德为根基，方能翱翔于培养学生"综合素质"的广阔天空。能力，是教师展现文化魅力、拓宽学生视野、铺设成长之路的关键。通过阅读，教师能够跨越时空界限，汲取古今中外的知识养分，不断提升自身的专业素养与教学艺术。正向的阅读，如同一条快车道，助力教师迅速成长，使其以更加丰富的知识底蕴和更高的教学能力，滋养学生的心灵，促进他们综合素质的全面提升。

　　然而，在互联网时代的大潮中，阅读的语言与形态正经历着前所未有的变革。阅读物如繁星点点，既丰富又多变，纸质媒介的便携、电子媒介的多样、智能媒介的未来感，共同构成了新时代阅读的多元景观。面对这一现状，新时代的教师须具备敏锐的洞察力与判断力，既要享受阅读带来的便捷与乐趣，又要警惕信息泛滥与碎片化阅读的陷阱。在灵活选择阅读媒介的同时，更应注重阅读的深度与效率，通过深度思考、有效整合，实现知识的内化与升华。

　　因此，新时代的教师阅读之旅，既是一场知识的盛宴，也是一场心灵的修行。它要求教师们在快速变化的信息洪流中保持定力，以开放的心态拥抱新知，以严谨的态度审视信息，以坚定的步伐迈向"深度、高效"的阅读新境界。走中国特色的社会主义教育改革道路，为新时代教师阅读指明了前进的方向，也为教育事业的蓬勃发展注入了不竭的动力。

　　3. 如何实现教师的"深度、高效"阅读？

　　在新时代的曙光中，教师的阅读活动被赋予了前所未有的深度与广度。它不仅是知识的汲取，更是智慧的启迪与灵魂的滋养。新时代教师应秉持一种全新的阅读理念，即在注重阅读方式、方法及形式的同时，深入挖掘读物的内在特质，进而创造性地形成新的教学理论与实践体系。

　　（1）新时代教师的阅读应注重阅读方式、方法

　　在新时代的阅读图景中，教师应成为驾驭多样阅读方式的舵手。无论是沉浸在长篇巨著中的深度阅读，还是利用碎片时间进行的快速浏览，抑或是通过笔记辅助的精雕细琢，每一种方式都是通往知识殿堂的桥梁。关键在于，教师须具备敏锐的洞察力，能够迅速捕捉阅读材料的主题、重心与要点，实现"深度、高效"的阅读体验。这种阅读，不流于形式，不沉溺于细节，而是有目标、有分析地精选内容，从而确保每一次阅读都能带来深远的思考与丰厚的收获。

　　在教师教育专业的阅读领域内，明确阅读目的尤为重要。从开阔视野的泛读到解决具体问题的探究式阅读，从为学生挑选学习资料到激发学生对学科的兴趣，再到评估学生的学习成效，每一本书籍、每一篇文章都承

载着不同的使命。通过阅读，教师不仅汲取新知，更以全新的视角审视教学与生活，将"满堂灌"的传统模式转变为"教师引导、学生主体、师生互动"的新型教育模式。在这一过程中，教师以阅读为媒介，因材施教，引导学生树立正确的政治方向，培育优良的综合素质，尤其是"美育"的熏陶，这正是"深度、高效"阅读在教育实践中的生动展现。

尤为值得一提的是，经典著作对于教师而言，是提升专业素养、实现深度阅读的不二法门。从古今中外的教育大家到当代的教育名家，他们的著作如同璀璨的星辰，照亮了教育前行的道路。通过阅读这些经典，教师能够不断拓宽教学视野，深化对教育本质的理解，从而在职业生涯中更加游刃有余地应对各种挑战。

此外，教师与学生还应共同探索专业课的辅助阅读领域，涵盖文科、理科、艺术等多个方面。这些读物如同一扇扇窗，让师生得以领略不同领域的风采，拓宽知识边界，提升综合素养。通过阅读，师生不再局限于狭小的视野，而是能够站在更高的平台上审视世界，以更加开放和包容的心态迎接未来的挑战。

（2）新时代教师的阅读应注重阅读的形式

阅读的形式，同样是教师实现"深度、高效"阅读的重要一环。教师应根据自身的实际情况与阅读需求，灵活选择最适合自己的阅读方式。无论是传统的图书馆、书店，还是现代的电子阅读平台；无论是独自沉浸于书海，还是与同事、家人共读分享；无论是专注于某一领域的"专题式"阅读，还是针对特定时段的"节点"阅读，每一种形式都有其独特的魅力与价值。

在阅读的过程中，教师不仅要读出内容，更要读出思考、读出感悟。他们像探险家一样，在知识的海洋中探索事物发展的主线与内在规律；像智者一样，以新的视角审视世界；像园丁一样，将阅读的成果精心培育在学生身上。通过阅读，教师不仅丰富了自己的内心世界，更在行动中形成了独特的教育理论与方法。这些理论与实践的相互交融、相互促进，不仅提升了教师的专业素养与教学能力，更为学生的成长与发展提供了坚实的支撑。

正如陶行知先生所言："读活书，活读书。"教师应在阅读中不断汲取生命的养分与智慧的火花；正如韩愈先生所教："业精于勤，荒于嬉；行成于思，毁于随。"教师应以勤奋为舟、以思考为帆，在阅读的长河中不断前行、不断探索。通过阅读，教师不仅更新了自己的教育观念与教学方法，更在学生的心中种下了探索与求知的种子。这些种子终将生根发芽、茁壮成长，为社会主义特色的中国素质教育贡献出自己的力量。

综上所述，阅读对于教师而言，不仅是知识的积累与智慧的启迪，更是心灵的滋养与成长的伴侣。在阅读的长河中，教师与学生携手共进、共同成长，共同探索着这个广阔而美好的世界。他们以实际行动诠释着"阅读改变命运、阅读成就未来"的深刻内涵，为社会主义特色的中国素质教育书写着辉煌的篇章。

（三）中小学图书馆开展的素质教育式课外阅读指导

中小学图书馆，这方静谧的知识殿堂，不仅是学生们探索未知的乐园，更是中小学素质教育不可或缺的璀璨明珠。在新时代的素质教育浪潮中，它承载着党、国家及社会对青少年全面发展的深切期望与崭新要求，被赋予了前所未有的使命与责任。

在这样一个重视综合素质培养的大环境下，中小学图书馆的角色越发显得重要而独特。其素质教育式的课外阅读指导，犹如一盏明灯，照亮了学生心灵成长的道路，引领着他们遨游于知识的海洋，汲取智慧的甘露。具体而言，这一指导应聚焦于以下三大维度，以全面促进学生的全面发展。

1. 中小学图书馆课外阅读活动分类

在图书馆日常运营的坚实基础上，我们积极响应素质教育对中小学生全面发展的深切呼唤，精心部署了一系列课外阅读活动。这些活动依托图书馆内经验丰富的专业指导团队，运用馆内丰富的资源，旨在全方位提升学生的素养，塑造优良品质，并锤炼各项能力。

基于活动特性与预期成效，中小学校精心规划，将课外阅读活动细分为以下几个精彩纷呈的类别，确保每位学生都能找到适合自己的舞台。

（1）静默阅览的学子

走进图书馆，约七成的学生选择沉浸于无声的世界，他们或坐或立，手捧书卷，进行着静谧的阅览。这一环节，不仅是他们自主探索知识的起点，也是与书籍建立深厚情感的"热身"。学生们在书海中自由遨游，熟悉馆藏资源，为后续的深入学习打下坚实基础。

（2）声情并茂的阅读者

而图书馆内剩余的约三成学生，则成了有声阅读的璀璨明星。他们拥有较强的阅读能力，敢于在众人面前展现自我，用声音诠释文字的魅力，情感与文字交织，营造出一种独特的阅读氛围。这样的活动不仅锻炼了学生的朗读技巧与自信心，更为图书馆增添了一抹生动与活力。

（3）深度指导的受益者

尤为重要的是，我们高度重视对参与阅览与阅读学生的课外指导。指导人员凭借深厚的专业素养，针对学生们已阅览或阅读过的且深受喜爱的书籍资料，进行精准而富有启发性的指导。通过持续不断的活动与形式创新，我们致力于让每一位中小学生在享受阅读乐趣的同时，也能获得素质与能力的全面提升。这种深度指导，如同灯塔一般，照亮了学生成长的道路，引领他们向更高更远的目标迈进。

2. 课外阅读指导的精髓与策略

在中小学图书馆的温馨氛围中，课外指导人员犹如舵手，引领着学生们在知识的海洋中航行。我们倡导在学生自主探索的基础上，充分发挥指导人员的核心作用，运用多元化的阅读方式与渠道，实施个性化指导，让素质教育式的课外阅读活动不断深化，绽放出更加绚烂的光彩。

（1）精准分类，因材施教

我们深知，每位学生都是独一无二的个体，因此，在课外阅读指导中，我们采取分类指导的策略。依据学生的年龄、年级及阅读需求等差异，我们精心划分不同的指导群组，旨在量身定制最适合的阅读方案。这样既能精准对接学生的阅览需求，又能确保图书资料得到最大化、最优化的利用，让每一份知识资源都能在学生心中生根发芽。

（2）智慧引导，点亮心灯

面对学生可能存在的盲目阅读现象，如查阅方向不明、阅读深度把握不准，以及良莠不齐的阅读选择等，我们的课外指导人员如同灯塔，以敏锐的洞察力和深厚的专业素养，为学生提供内容丰富、健康向上的图书资料。我们旨在通过积极的引导，帮助学生抵御不良思想的侵扰，让他们的心灵在阅读的滋养下更加纯净、坚强。

（3）塑造未来，培育英才

我们坚信，阅读不仅是获取知识的途径，更是塑造人格、提升素养的重要手段。因此，在课外阅读指导中，我们致力于培养学生的阅读兴趣和良好习惯，鼓励他们"爱读书、读好书"。我们期望通过阅读的力量，净化学生的心灵，拓宽他们的视野，让他们在阅览的层次、内容及收获上不断攀登新的高峰。最终，我们希望能够培养出既有深厚学识，又具备高尚品德的"四有"人才——有理想、有文化、有纪律、有道德，同时富有创新精神和实践能力，能够满足国家和社会发展的需求，成为时代的栋梁之材。

3. 课外阅读指导的具体做法

（1）创新多元方式，激发阅读热情

中小学图书馆，作为知识的宝库与启迪智慧的殿堂，我们精心设计了多样化的阅读指导策略，以满足不同层次、年龄及阅读需求的学生群体。从年级划分到年龄分组，从略读到精读的细致区分，再到围绕爱国、文史、素质提升等核心主题举办的系列活动——无论是庆祝国庆的"十月一日故事会"，还是沉浸于四大名著的诗歌朗诵；无论是智力激荡的猜谜大会，还是启迪思考的专题讲座，每一项活动都旨在激发学生的阅读兴趣，让阅读成为一种主动而多彩的探索之旅。通过这些富有创意与针对性的方式，我们不仅点燃了学生对知识的渴望，更让阅读成为他们生活中不可或缺的一部分，充分满足了每一位学生的个性化需求。

（2）深耕阅读土壤，培育综合素养

①筑基阅读能力，攀登知识高峰。

在阅读的旅途中，中小学生首先需要构建起坚实的基本阅读能力。这包括理解字词、把握段落、洞悉篇章结构及其深层含义的能力。图书馆的指导人员如同引路人，利用丰富的阅读资源，通过查字典、词典的辅助，以及适时的提示与指导，帮助学生准确理解字词在语境中的意义，进而掌握整篇文章的精髓。在此基础上，鼓励学生撰写阅读心得，将所学融入实践，不仅提升了阅读能力，更拓宽了视野，激发了持续阅读的兴趣，为学生的全面发展奠定了坚实的基础。

②丰富文体体验，促进全面发展

课外阅读，作为课内学习的延伸与补充，其重要性不言而喻。我们通过引入散文、诗歌、说明文、论文、科学小品等多种文体，为学生打开了一扇扇通往广阔世界的大门。指导人员精心组织阅读活动，从选取适合的阅读材料，到运用多样化的指导方法，再到检验阅读成效，每一步都力求精准高效。在这一过程中，学生不仅加深了对各类文体的理解，更在潜移默化中提升了综合素养，实现了课内学习与课外阅读的良性互动。

（3）携手并进，共筑素质教育新篇章

图书馆的素质教育式课外阅读指导，如同一股清泉，滋养着学生心灵的每一个角落。它不仅影响着学生对音乐、体育、美术及理科等学科的认知与感悟，更促进了学生整体素质的全面提升。同时，学生素质的提升又反过来推动了图书馆阅读指导工作的不断进步，形成了良性循环。我们坚信，通过中小学图书馆的不懈努力，定能在学生德、智、体、美、劳多方面产生深远影响，为新时代建设、国家物质文明与精神文明建设、社会主义现代化建设及和谐社会建设贡献一份力量。让我们携手并进，在阅读的道路上不断探索、前行，共同书写素质教育的新篇章。

（四）浅谈中小学的语文新教改阅读

在这个日新月异的时代，中国正以前所未有的决心与勇气，迈入改革的深水区，各行各业皆沐浴在变革的春风之中，教育领域亦不例外，尤其是中小学语文的新教改阅读，更是成了时代浪潮中一颗璀璨的明珠。本文旨在浅探这一领域的新风貌，共赏其独特魅力与深远影响。

中小学语文，作为传承文化、启迪智慧的重要基石，其教学改革始终备受瞩目。新教改阅读，不仅仅是对传统教学模式的一次革新，更是对学生全面发展、终身学习能力培养的一次深刻探索。它如同一股清新的风，吹散了传统阅读教学的沉疴旧疾，为语文课堂注入了新的活力与生机。

1. 新教改教学与传统课堂的蜕变之旅

回望往昔，中小学语文的课堂往往被固定模式所束缚，教师宛如忠诚的传道士，依照既定剧本，逐一剖析生字词汇，剖析重难点，不厌其烦地强调应试要点与必背段落。学生则扮演着忠实听众的角色，课后埋头于习题之中，整个教学过程以教师为中心，应试为轴心，形式僵化，内容乏味，学生的学习热情如同被囚禁的火焰，难以炽热燃烧。

而今，中小学语文的新教改教学犹如一股春风，吹散了旧的阴霾，带来了课堂的勃勃生机。它呼唤着新颖别致的课堂生态，鼓励着学生以更加积极主动的姿态参与到学习中来。新教改教学不仅要求语文教师成为课堂的灵魂舵手，能够灵活驾驭课堂节奏，更须源源不断地为课堂注入鲜活的思想与情感之泉，以此激发教学质量的飞跃与教学效果的显著提升。

2. 语文新教改：师生共读的盛宴

在新教改的广阔舞台上，语文教师与学生携手步入了一场阅读的盛宴。对教师而言，广博的阅读是其教学艺术的深厚根基，唯有如此，方能在课堂上游刃有余地引领学生遨游于知识的海洋，激发学生的求知欲与探索欲。教师的阅读，不仅是自我成长的阶梯，更是启迪学生智慧、引导学生深思的明灯。

对于学生而言，新教改教学赋予了他们更加广阔的学习空间与更加丰富的阅读体验。学生不再局限于课本的狭小天地，而是能够多维度、多视角地接触与理解课文，从而在不断的阅读实践中锻炼语文能力，提升学习成绩，更在潜移默化中塑造出良好的品质与人格。这是一场心灵的旅行，更是一次成长的蜕变,学生在阅读中学会了思考、学会了感动、学会了成长。

（1）携手探秘,共赴阅读之旅

语文教师与学生,须携手构筑一座知识的桥梁,而这座桥梁的基石,便是海量的共同阅读资料。最佳的寻宝之地,莫过于那浩瀚无垠的图书馆。若对所需宝藏与图书馆的布局了如指掌,师生可直接穿梭其间,寻觅知识的珍珠。若偶遇迷茫,不妨向那图书馆中的智慧守护者——管理人员求教,他们不仅能指引你资料的种类、数量与所在,更能传授图书馆分类的奥秘,助你迅速而精准地捕获心中所求。

为丰富课堂,管理人员亦能化身为推荐大使,引领师生遨游于古今中外的文学海洋。从《诗经》的古朴到唐诗宋词的风华,从四大名著的深邃到《鲁迅选集》的犀利,乃至奥运会的光影交错、希腊神话的奇幻、格林童话的纯真、《堂吉诃德》的荒诞、《竞选州长》的讽刺、《飘》的坚韧,乃至奥巴马激昂的演讲……无论是纸质书籍、杂志、光碟,还是网络资源,皆为课堂添彩,为教师提供教学灵感,为学生开启智慧之门。更可根据教学需求,精选与课文相呼应的拓展材料,如学古诗则探寻唐诗瑰宝,上寓言课则推荐童话经典,让每一次阅读都成为一次心灵的旅行。

（2）深耕细作,共筑学习殿堂

资料在手,中小学语文教师与学生便踏上了深度学习的征途。遵循国家课程标准,一学期内,教师须广览百余部资料,而学生亦应涉猎四十余册书籍。以《从百草园到三味书屋》为例,师生共读课本,教师更须深入教参,挖掘文章背后的故事、意义与难点,再辅以《鲁迅选集》的研读,如《社戏》《藤野先生》《祝福》《记念刘和珍君》等,这些篇章如同一扇扇窗,让我们窥见鲁迅先生跌宕起伏的人生轨迹与深邃犀利的笔触。如此教学,不仅因循了作者与历史的脉络,更让学生深切感受到人文的温度,深刻理解文章的历史价值与社会意义。

在此基础上,教师引导学生共读朱自清散文、老舍小说等,通过对比阅读,拓宽视野,深化理解。而学生则在教师的精心指导下,通过略读、精读、泛读等多种方式,高效学习课文中的字词句段篇,提升阅读速度与能力,同时，也为新教改的顺利推进奠定了坚实的基础。

（3）实践出真知，共绘教改新篇

经过前期的充分准备与积淀，师生之间的感性与理性认知均得到了显著提升，新教改课堂因此焕发出勃勃生机。教师依据文章特性与前期阅读积累，灵活运用多种教学策略，如通过唐诗诵读强化语言美感，以故事讲述激活寓言智慧，小组讨论激发《竞选州长》的批判思维，辩论赛深化鲁迅作品的解读……这一系列开放式教学活动，让课堂成为思维碰撞的舞台，学生积极参与，踊跃发言，师生间的互动与反馈，构成了教学相长的美好图景。

在此过程中，学生不仅掌握了课文知识，更在横向与纵向的对比阅读中，汲取了丰富的历史文化养分与人生哲理，阅读能力的提升也悄然影响着其他学科的学习。而教师，则在引导学生探索与发现的过程中，收获了教学的乐趣与成就感。如此，课堂改革之舟，便在师生共同努力下，乘风破浪，驶向更加辉煌的彼岸。

3.语文新教改阅读应注意的问题

在新教改阅读的浪潮中，语文教师与学生携手并进，共同见证着这一教育创新的蓬勃壮大与日益普及。然而，作为新生事物，其前行之路难免遭遇挑战与波折。因此，在深入实践新教改阅读的过程中，中小学的师生们须铭记以下几点，以确保航向正确，收获满满。

（1）阅读，须从心开始，方能领悟真谛

面对浩瀚的阅读资料，师生切莫将其束之高阁，使之成为无人问津的摆设。阅读，不应仅是形式上的翻阅，更需心灵的触碰与深思。避免浅尝辄止，仅沉迷于趣闻轶事，而应怀揣严谨之心，以高度的热情与科学的方法，沉浸于字里行间，细细品味文章的精髓与意涵。唯有如此，方能真正领悟文章的得失之道，把握作者的匠心独运，从中汲取精神养分，实现物尽其用。

（2）学习，须内化于心，方能外化于行

学生在新教改阅读的海洋中遨游，虽收获颇丰，但切莫仅停留于表面知识的堆砌。记下的优美词句，若未能深刻理解其背后的意蕴，便如同无源之水，难以灵活运用。以郁达夫《秋》为例，学生虽能跟随教师脚步，广泛涉猎作者文集，但若未能准确把握词句的文学色彩与适用情境，便可能闹出张冠李戴的笑话。因此，教师的引导至关重要，须帮助学生深刻理解词句的深层含义，指导其恰如其分地运用。在开放的课堂中，教师的主导作用不可或缺，学生的主动学习亦须与教师的精心指导相辅相成，共同促进教学效果的最大化。

（3）实践，须知行合一，方能见真章

学习的最终目的，在于应用与实践。学生从畏惧作文到乐于提笔，是新教改阅读激发兴趣的显著成果。然而，这仅是起点，而非终点。教师应进一步引导学生将所学字词句融入作文之中，赋予其新颖立意与深刻思考，让文章成为展现青少年思想健康之美的窗口。当学生能够将正确的世界观与人生观融入日常生活，展现出合群、自信、创新的品质，对集体与社会产生积极影响时，方可谓真正实现了新教改阅读的初衷。这不仅是阅读价值的体现，更是对学生未来成长的深远影响，为其成为国家建设的有用之才奠定坚实基础。

总之，中小学校的师生应紧跟国家新教改的步伐，在日新月异的语文教育环境中，积极投身阅读，追求高质量的阅读体验。通过参与和推动语文新教改活动，为课堂注入活力，使师生在阅读中共同成长，实现授业与学业的双重提升。同时，促进其他学科的学习进步，为学生的全面发展奠定坚实基础，让阅读成为影响师生人生、助力国家未来的强大力量。

（五）荷塘月色的结尾试新解

《荷塘月色》，这篇穿越时光而越发璀璨的散文瑰宝，出自文学巨匠朱自清之手，它不仅以其精妙绝伦的词句编织出一幅幅动人心魄的画面，更蕴含着深刻而隐晦的战斗情怀，引人深思。虽然我学识尚浅，却对这篇佳作情有独钟，反复咀嚼之下，竟在文章结尾那微妙的暗线中，捕捉到了一丝与教师用书不同解读的灵光，现斗胆浅析如下：

1.作者及其时代风云的掠影

朱自清，一位以散文名世的文学大家，同时也是一位身怀家国情怀的自由主义民主战士。他的一生，是对国家深沉的爱、对民众深切的关怀以及对家庭无尽责任的完美诠释。晚年的他，以拒绝美国救济粮的铮铮铁骨，诠释了知识分子的高风亮节，这份气节，连毛主席都为之动容，给予了高度评价。

《荷塘月色》诞生于风雨飘摇的1927年7月，那是一个国民党反动势力肆虐，白色恐怖笼罩全国的时代。面对国家的动荡不安，个人的渺小与无力感如影随形。朱自清先生虽心系天下，却因家庭的重担，未能投身革命的洪流之中。这份内心的挣扎与苦闷，如同夜空中最亮的星，虽遥不可及，却异常耀眼，正是这份情感，孕育了《荷塘月色》这篇不朽之作。

2.细品《荷塘月色》前六章之韵致

在深入探讨《荷塘月色》的深邃结尾之前，首要之务是细致剖析文章前半部分的情感脉络与意境构建。此文以"静"为隐线，贯穿全文，此"静"非但指外界环境的宁谧，更是作者内心所向往的理想境界与心灵归宿的象征。

（1）首章："心绪不宁之始"

夜幕低垂，妻儿安睡，周遭陷入一片宁静之中，而作者内心却翻涌不息，难以"静"安。在这份不宁之中，他毅然踏出家门，带着沉甸甸的心事，踏上了一场寻觅心灵慰藉的旅程。

（2）次二章："寻静之旅"

循着小径，作者缓缓步入荷塘边，这原本静谧的小路在夜色中更显幽深与宁静。独行其间，他仿佛挣脱了日常的枷锁，思想得以自由翱翔，心灵得以片刻的释放与安宁。

（3）续三章："静谧之境，心灵之憩"

及至荷塘，作者仿佛步入了一个梦幻般的世界。他细细品味着荷塘的每一处景致，从远及近，由静转动，自上至下，荷花之清雅、荷叶之翠绿、花香之淡雅、流水之潺潺，皆在月光的轻抚下变得生动而迷人。这荷塘之美，恰似作者心中的理想国，充满了美好、向上与进步的力量。他以灵动而富有韵味的笔触，勾勒出了一幅幅淡雅清新、令人陶醉的荷塘月色图。在这片静谧之中，作者暂时忘却了尘世的烦恼，沉醉于月下荷塘的无限美好之中。

随后，作者的视线又转向了月光下的流水、荷塘边的小径以及周边的树木。树木的阴影不再显得阴森可怖，反而疏密有致，与荷塘、小径相映成趣。树影婆娑，远山隐约，几点灯火点缀其间，更添几分温馨与宁静。这些景象不仅构成了荷塘月色不可或缺的一部分，也仿佛是小提琴上跳跃的音符，共同谱写了一曲和谐美妙的荷塘乐章。作者于此中承认了生活的阴影与不易，但更重要的是，他内心的阴霾已逐渐消散，取而代之的是一份开朗、轻松与积极的心态。在这"荷塘月色"中，他找到了心灵的归宿与信念的支撑，那便是对生活的热爱与对未来的希望。

3.《荷塘月色》尾声双段之深度剖析

（1）结尾新解，静谧与热闹的交响

历来教师用书多将《荷塘月色》之尾声，即第七、八段，视为"失静"之象征，然吾以为此解有失偏颇。细品之下，结尾实则是"失静（转而得热闹）、终复归静"的微妙转变，更为精准地捕捉了作者的情感轨迹与文章深层意蕴。

（2）"得热闹"之境，心绪之欢歌

步入第七、八段，作者思绪飘远，忆及江南采莲的盛景，那古诗中的热闹场景仿佛穿越时空而来，一船船欢声笑语，丝带轻舞，佳人倩影，与荷塘中的蛙鸣交织成一首生动的田园诗。此间，虽言"热闹是它们的，我什么也没有"，却不难发现，这份热闹悄然融化了作者心中的孤寂，内心的欢愉与幸福悄然滋生。一句"无福消受"，非但不是失落的叹息，反而透露出淡淡的怀念与对美好时光的珍惜，内心的忧伤也因此被温柔地冲淡。

继而，作者借《西洲曲》之韵，思绪飘回纯真的童年，荷塘边的快乐时光再次浮现眼前。此刻，他已从犹豫、自责、痛苦中解脱，心境变得明朗、温暖而舒心，真可谓"得热闹"矣。这份热闹，是心灵的慰藉，是对生活美好的深切向往，与之前的"静"相辅相成，共同构成了作者对美好生活的完整诠释。

（3）"得热闹"之源，乐观精神的彰显

传统解读中将此段视为"失静"，实则忽略了作者笔下那份明快的笔调和愉悦的情感。作者于古诗与回忆中寻觅到人世间的温情与美好，这不仅是对"荷塘月色"美好意境的延伸，更是作者内心快乐情感的递进。在结构上，此乃层层推进，展现了作者从"静"到"热闹"的情感升华。此"热闹"与"静"非但不冲突，反而相得益彰，共同勾勒出作者乐观向上的精神风貌，与其民主斗士的身份和精神境界高度契合。

（4）"终得静"之韵，内心的平和与安宁

第八段末，作者游玩归来，家门前的轻推门扉，不仅是对物理空间的回归，更是心灵归宿的象征。此时，家中妻儿已进入梦乡，四周一片宁静，与"荷塘月色"中的静谧遥相呼应。月色依旧淡淡，却多了几分温馨与美好，斑驳的阴影不再是困扰，而是激发思考的源泉。作者于阴影中寻觅人生的真谛与幸福，最终于内心深处找到了那份真正的"静"——那是对美好事物的深刻领悟与珍惜，是对生活无尽热爱的体现。

教师用书中将推门视为回归现实、重陷恐怖低沉的武断解读，忽略了作者经历"荷塘月色"洗礼后心境的深刻变化。因此，将结尾简单归结为"失静"，无疑削弱了文章的积极意义与真实力量。实则，"失静（得热闹）、终得静"的解读，更为精准地把握了作者的情感脉络与文章主旨，赋予了作品更为丰富的内涵与更加积极向上的色彩。

4. 课文《荷塘月色》意义

《荷塘月色》这篇佳作，其作者不仅在笔墨间倾注了非凡的文学造诣，更在深层立意上展现了深邃的哲思与情感变迁。初读之下，似乎仅是一幅幅细腻入微的自然景致，实则暗流涌动，作者巧妙地以"不静、寻静、得静，得热闹、终得静"为线索，勾勒出一场心灵之旅。这是一场关于内心苦闷与解脱、忧愁向开朗乐观转化的深刻描绘，展现了作者在"荷塘月色"的温柔怀抱中，找寻到心灵的慰藉与重生的过程。

正因如此，《荷塘月色》不仅以其卓越的文学成就屹立于文坛，更蕴含了深远的政治寓意。在那个风雨飘摇、暗夜沉沉的时代，它如同一束穿透阴霾的光芒，以无声的号角激励着人们的心灵，引领着人们以乐观向上的姿态，不懈追求光明与真理的彼岸。这，无疑是作者创作此文的初衷与深意所在。

从这篇经典中，我深刻领悟到，对美好真理的追求，就如同夜空中最亮的星，唯有心怀敬畏与向往，方能捕捉到它闪耀不息的光芒。而今，步入新时代，《荷塘月色》更是被赋予了新的时代意义。它激励着我们，从字里行间汲取力量，以更加饱满的热情与坚定的信念，投身于和谐社会主义家园的建设之中，共同绘制出一幅幅繁荣昌盛、和谐美好的时代画卷。

三、教育经典理论的发展历史

（一）中国的文化源远流长

在华夏大地这片历史悠久的沃土上，璀璨的文化长河中，涌现出无数杰出的教育家，他们如同璀璨星辰，以其不朽的教育理论与实践，照亮了后世的道路，成为我们学习与借鉴的宝贵财富。

1. 古代教育巨匠与思想精髓

孔子：春秋鲁国的智者，其《论语》不仅是儒家学说的基石，更是"仁"之教育理念的集中体现。孔子，作为儒学及私学之鼻祖，其思想深远地影响了后世的教育体系与伦理道德建设。

孟子：战国邹国的思想家，其《孟子》一书深刻阐述了性善论，坚信"人皆可以为尧舜"，进一步丰富了孔子的教育哲学，为儒家思想注入了新的活力。

荀子：战国末年的赵国哲人，同时也是一位坚定的唯物主义者。其教育思想虽未在《学记》中直接阐述，但《学记》所倡导的"教学相长"原则，深受荀子学说影响，体现了教育过程中师生共同成长的理念。

韩愈：唐代文坛巨匠，在《进学解》中以生动的师生对话形式，精练地传授了学习之道，极大地提升了当时学子的学习效率与热情。

朱熹：宋代理学的集大成者，其《语录》及对《礼记》的深刻解读，强调了读书在学习中的基础地位，对古代教育体系的完善与发展做出了不可磨灭的贡献。

2. 现代教育的启明灯塔

梁启超：近代思想启蒙者，其《论女学》《论幼学》等作，不仅推动了女子教育的兴起，还关注到了幼儿教育的重要性，为现代教育体系的建立奠定了坚实基础。

王国维：美育的先驱，在《论教育之宗旨》中，他高瞻远瞩地提出了智、德、美全面发展的教育理念，认为美的境界能深刻影响德育与智育的发展，为中国近代美育的发展开辟了道路。

蔡元培：教育改革的领军人物，他提出的"普通教育与职业教育并重"及"德、智、体、美四育并举"的教育理念，加之男女平等的教育观，极大地推动了中国现代教育制度的革新与发展。

俞子夷：教学改革的实践者，在《小学教学法的新旧冲突》中，他勇于探索，对比分析新旧教学法，提出了许多科学且具有前瞻性的教学理论，促进了教学论的现代化进程。

陈鹤琴：中国近代幼儿教育的奠基人，他在《儿童心理及教育儿童之方法》《儿童教育的根本问题》等著作中，强调依据儿童身心发展特点实施教育，并积极探索新的教育方式与亲子关系，为中国幼儿教育事业的发展树立了标杆。

时至今日，我们更应深入理解并创造性地运用这些伟大教育家的思想精髓于阅读教育实践中，勇于思考，敢于实践，以科学的方法、明确的目标，推动阅读教育不断向前发展，绽放出更加绚烂的光彩。

（二）西方出现了许多划时代意义的教育家

在西方教育的浩瀚星空中，众多具有划时代意义的教育家如同璀璨星辰，他们以非凡的智慧和独到的见解，提出了众多前所未有的教育理论，不仅深刻影响了西方教育的发展轨迹，更有力地推动了全球教育史的滚滚车轮，向着更加辉煌的未来迈进。

1. 西方古代教育巨匠的光辉篇章

古希腊的柏拉图：在《理想国》的构想中，他深刻阐述了教育对于塑造完美人格的重要性，认为教育应同时训练身体与陶冶心灵，这一思想在教育史上留下了深刻的进步烙印。

古罗马的昆体良：其《雄辩术原理》不仅是对教师技艺的精湛阐述，更是对阅读艺术的独到见解，其教学理论与实践至今仍在教育领域中熠熠生辉。

法国人文主义学者蒙田：在文艺复兴的浪潮中，他以《论对孩子的教育》为笔，深情地描绘了儿童教育的复杂与美妙，强调其作为人类最重大也最艰巨捷克斯洛伐克的夸美纽斯：其《大教学论》被誉为西方教育学独立成科的开山之作，不仅标志着近代科学教育学的诞生，更为后续教育理论的发展奠定了坚实的基础。

2. 西方现当代教育思想的璀璨星河

德国教育家赫尔巴特：作为传统教育学派的科学之父，他的《普通教育学》首次将教育学构建为一门独立、科学的学科体系，这一壮举对后世教育研究产生了深远的影响。

德国"教师之教师"第斯多惠：在《德国教师培养指南》中，他不仅阐述了教师的崇高使命，还提出了教师培养与课堂教学的五项基本原则，这些基于实践的真知灼见，为教师的专业成长提供了宝贵的指引。

美国教育家杜威：其《民主主义与教育》中的五步教学法，成了教育实践中不可或缺的工具与公式，引领了教育方法的革新与进步。

美国心理学家布鲁纳：在《教育过程》中，他创造性地将教育心理学与儿童智力发展相结合，为教育改革提供了坚实的理论基础。

苏联教育家苏霍姆林斯基：其《把整个心灵献给孩子》一书，深情地描绘了快乐教育的美好愿景，为教师的角色定位与责任担当提供了深刻的启示。

法国教育家朗格朗：其《终身教育引论》如同一股强劲的东风，将"学会学习"的理念吹遍了全球，推动了终身教育理论与实践的蓬勃发展。

瑞士心理学家皮亚杰：在《教育科学与儿童心理学》中，他通过实验创立了发生认识论，为儿童教育教学活动提供了新的认知视角。

美国心理学家科尔伯格：其《道德教育的哲学》中的道德认知发展阶段理论，为道德教育的研究与实践提供了科学的分析工具与丰富的实例。

法国教育部长富尔：其报告《学会生存——教育世界的今天和明天》提出的"学习化社会"概念，进一步发展了终身教育理念，成为当代教育改革的重要指南。

苏联教育家阿莫纳什维利：在《掌握教育技巧的三个源泉》中，他强调学校教育应促进儿童的社会化与教师的自我完善，这一思想对全球教育产生了深远的影响。

美国教育家加德纳：其《多元智能》理论倡导通过多元智能的培养，促进个体的全面发展，已成为多国教育改革的重要方向。

法国教育活动家德洛尔：其报告《教育——财富蕴藏其中》提出的未来教育四大支柱，为新时代的教育改革指明了方向，成为教育改革史上的又一里程碑。

在这片教育的海洋中，每一颗星辰都闪耀着独特的光芒，它们的思想与理论如同灯塔，照亮了我们前行的道路。作为阅读指导者与阅读者，我们当以虔诚之心，汲取这些教育巨匠的智慧与力量，将其融入现实的阅读教育实践之中，让阅读成为我们通往光明未来的航船，不断驶向更加辽阔的知识海域。

第九章　关于快乐阅读

阅读，这一灵魂的细腻旅行，诚邀每一位心怀热爱的旅人共赴。它不仅仅是一场文字的盛宴，更是对生活无限热爱的深刻表达，对大自然奥秘的温柔探索，以及对社会百态的敏锐洞察。要沉浸于这场旅行，阅读者须怀揣一颗热爱人生的赤子之心，以大自然为广阔舞台，让心灵与自然界的每一次呼吸同频共振，感受山川湖海的壮丽，聆听花鸟鱼虫的细语，让生命的每一刻都充满诗意与远方。

而观察力，则是这趟旅程中的导航仪，引领我们于字里行间捕捉那些稍纵即逝的灵感火花，发现隐藏在平凡背后的不凡故事。创意能力，则是我们手中的画笔，将抽象的思绪转化为生动的画面，为阅读世界添上一抹独一无二的色彩。布局能力，则让我们的思维如同精密的织锦，条理清晰，层次分明，让读者在字里行间自由穿梭，享受思维的流畅与愉悦。

思考能力，如同深邃夜空中最亮的星，引领我们超越表面的浮华，深入探索文字背后的深层含义，与作者进行跨越时空的心灵对话。分析能力，则是那把开启智慧之门的钥匙，帮助我们抽丝剥茧，理清复杂思绪，让真理与智慧的光芒照亮前行的道路。

至于表达能力，它是连接心与心的桥梁，让我们能够将自己所感所悟，以最真挚、最动人的方式传递给每一位阅读者。当文字不仅仅是文字的堆砌，而是融入了人的情感、自然的韵律、社会的哲理时，阅读便成了一场心灵的盛宴，给予每一位参与者无尽的快乐与启迪。

一、快乐阅读的理论

（一）大脑功能

在浩瀚的人体宇宙中，人脑以其独特的构造与功能，编织着智慧与情感的经纬。本能脑、情感脑与大脑皮层交相辉映，左脑的严谨逻辑与右脑的无限创意，在胼胝体的桥梁上和谐共舞。这仅仅约30毫米厚的奇迹之地，却承载着人类智慧的辉煌，使我们成为宇宙间独一无二的存在。尤为引人瞩目的是，情感与记忆的紧密纽带，让每一次心灵的触动都成为知识海洋中深刻的烙印，让学习之旅充满温情与力量。

环境的笔触，在大脑的画布上勾勒着未来的轮廓。良好的环境如春风化雨，滋养着智慧的萌芽；而不良的刺激，则如同冬日寒霜，可能让思维的花园黯然失色。因此，我们深知，为大脑营造一个充满爱与启发的环境，是开启快乐阅读之门的金钥匙。

1. 左右脑的交响乐章

左脑，以逻辑与语言的韵律，编织着思维的严谨篇章；右脑，则以旋律与图像的幻想，绘制出心灵的斑斓画卷。当我们在歌声中沉醉，左脑紧锁歌词的每一个音符，右脑则自由翱翔于旋律的云端，情感中心亦随之共鸣，让歌曲的每一个细节都深刻于心。同样，在阅读的世界里，文字与想象的交织，让故事不仅仅是文字的堆砌，而是心灵的触动与共鸣，是智慧与情感的双重盛宴。

2. 智力的多元绽放

人类智力的花园中，百花齐放，各有千秋。语言智力，让我们在字里行间穿梭，领略文字的魅力；逻辑与数学智力，则赋予我们推理与计算的力量，成为阅读探索的锐利工具。而在这基础上，我们更应注重声音、视觉、身体等多感官的参与，让阅读成为一种全方位、多维度的体验。正如罗杰·冯·欧克所言，思维的万花筒中，每一种思维方式都是宝贵的财富，它们共同构成了我们认识世界的多彩视角。

3.思考的六顶帽子与身体的智慧

爱德华·德·波诺的"六项思考帽"理论，为我们提供了一套灵活多变的思考工具。红色帽子的热情、黑色帽子的审慎、黄色帽子的乐观、绿色帽子的创新、白色帽子的客观、蓝色帽子的引领，它们如同乐队中的不同乐器，共同演奏出思考的华彩乐章。而身体的参与，更是将智力的培养推向了新的高度。在运动中学习，在体验中成长，让阅读不再是单一的视觉活动，而是全身心地沉浸与享受。

4.快乐阅读的无限可能

最终，快乐阅读的本质，在于让阅读成为一种乐趣，一种享受。它不拘泥于形式，不受限于空间，无论是诵读的激昂、表演读的生动，还是边看视频边读的沉浸、在草坪上阅读的悠然，每一种方式都是对阅读艺术的独特诠释。当阅读成为一种兴趣，一种习惯，那么，知识的海洋将不再遥远，智慧的火花将在每一次翻页间璀璨绽放。在快乐阅读中，我们收获的不仅是知识，更是心灵的滋养与成长的喜悦。

（二）阅读目标达成

1.阅读目标达成的艺术

在阅读之旅的启程，设定一个明确而可及的目标，无疑是成功之舟的稳固锚点。宏大的愿景可细化为连串的璀璨星辰，一步步靠近，直至光芒万丈；遥远的目标则化作沿途的风景，由近及远，步步为营，终至彼岸。阅读时，若内容引人入胜，心驰神往，加之感官的全情投入，速度自然如飞翼展翅，效率倍增。

在实现阅读目标的征途上，六大哲学之问犹如明灯指引：谁，引领我们前行？何物，乃我们探求之真谛？何时，是启程的最佳时机？何地，是知识的温床？为何，我们矢志不渝？又该如何，智慧地达成所愿？

面对浩瀚文海，略读之术尤为关键。心中先绘蓝图，再概览全局，目光如炬，自上而下，快速掠过文字之林。其间，关键词句如同星辰般闪耀——"首先""最终""第一"等，它们引领我们直抵重点，让阅读之旅更加精准高效。

每种阅读资料皆有其独特韵律，有时，序言可略，图表则须深思。通过图表，信息一目了然，略读与选择性略读相得益彰，重要信息得以凸显，理解之门豁然洞开。以保龄球为例，若读者亲身体验，故事与技巧交织，情感与理性并蓄，阅读便成了一场创意无限的盛宴。

复习与回忆，则是巩固阅读成果的秘宝。适时回顾，让知识之树根深叶茂，应用自如。无论是演讲前的灵感激荡，还是体育活动前的策略布局，过往的阅读积累总能化为今日之利剑，让表达更富魅力，行动更加精准有力。

2. 童心阅读：探索与游戏的交响

1964 年，芝加哥大学的布鲁姆教授揭示了儿童智力发展的奇迹：最初几年如春笋般苗壮，随后渐趋平稳。他强调，学习的黄金时期始于摇篮，至青春之门。幼儿时期，玩耍即学习，探索即成长，即便是面对挑战，也乐在其中。

对于幼儿而言，世界是最好的教室，从家到社区，从运动场到博物馆，处处皆是知识的乐园。阅读，应是一场充满乐趣的游戏，而非沉重的负担。

在幼儿阅读的舞台上，趣味游戏是最耀眼的明星。如击鼓传花，鼓点激昂，笑声连连，每一次传递都是对阅读的期待与挑战。在《兔子蹬鹰》的故事里，孩子们仿佛身临其境，思考、辨析、抉择，每一次互动都闪烁着智慧的火花。

直观体验亦是幼儿学习的魔法棒。触摸西瓜的圆润，感受其冰凉，那份触感与"西瓜"二字的结合，让学习变得生动而深刻。儿歌的韵律，彩色图画的吸引，家长的温声细语，共同编织了一个个美妙的阅读梦境。

多曼曾言，孩童皆是语言的天才。在双语乃至多语的环境中，他们如海绵吸水，自然吸收，自由表达。每个孩子都蕴藏着成为下一个爱迪生的潜力，那份对未知世界永不停歇的好奇心与探索欲，正是推动人类进步的不竭动力。

因此，提升智力，应从娃娃抓起。他们，是国家的未来，是民族的希望。让我们携手，以爱为舟，以智慧为帆，引领孩子们在阅读的海洋中遨游，向着更加辉煌的明天进发。

（三）阅读的快乐

新西兰学者劳埃德·吉林深邃地剖析了人类思维的多元面貌，将其细分为八大类型，从内向外，情感与理智交织，绘就了一幅幅思维图谱。内向者，如夜空中最亮的星，沉浸在自我世界的深邃与浩瀚中，他们是思想的深潜者，梦的编织者；而外向者，则如同晨曦初照，对外部世界充满无尽的好奇与探索欲，他们的心灵在每一次与他人的碰撞中绽放光芒，怀揣着创造新世界的壮志与梦想。

阅读的黄金时刻，因人而异，仿佛自然界中独特的生物钟，有的人在晨光熹微中寻觅智慧的种子，有的则在夜幕低垂时享受知识的盛宴。当个人的生物钟与阅读的习惯完美契合，那份沉浸与收获，便如同细水长流，滋养着心田，让阅读成为一场场灵魂的盛宴。因此，年龄从不是阅读的桎梏，它鼓励我们终身学习，于每一刻光阴中汲取养分，让生命之树常青。

提及阅读的力量，不得不提海伦·凯勒——这位在黑暗中绽放光明的伟大女性。自幼失明、失聪且失语，她的世界曾是一片寂静与黑暗。然而，莎莉文老师的出现，如同一束穿透云层的光，引领她通过触觉触碰世界，学会了盲文，重拾了书写与言说的能力。海伦以惊人的毅力，不仅完成了学业，更在文学、教育、慈善等多个领域留下了不可磨灭的印记。《假如给我三天光明》等著作，不仅是她个人奋斗史的见证，更是激励无数后来者的灯塔，证明了阅读与学习的力量足以跨越一切障碍。

阅读，本应是一场妙趣横生的探险，而非枯燥乏味的负担。当我们将之视为生活中的一场精彩游戏，学生们便能以更加积极的心态投入其中，享受知识带来的快乐与满足。正如《论语》所云："学而时习之，不亦说乎？"学习之乐，在于不断地探索与实践，它让我们的心灵得以充实，让我们的行动更加自信。而"有朋自远方来，不亦乐乎？"则提醒我们，志同道合的朋友，是人生旅途中最宝贵的财富，他们与我们并肩同行，共同追求真理与美好。

作为阅读指导者，我们不仅是知识的传递者，更是心灵的引路人。我们热爱阅读，视之为事业，用心关注每一位阅读者的成长，引导他们自主学习，形成良好的阅读习惯。我们致力于打造一个充满故事、美、音乐、幻想与创造的世界，让青少年在其中自由翱翔，成为勇敢的旅行者、敏锐的发现者和不懈的创造者。我们期望，通过阅读的力量，孩子们能够学会观察、思考、表达，感受劳动与创造的喜悦，以一颗善良而敏感的心，去感知世界的美好与苦楚，用知识与智慧去丰富自己的精神世界，同时也为他人带去温暖与光明。这，便是我们阅读教育工作的最高理想与追求。

二、快乐阅读的实践论文

摘要：

近年来，一股"享受教育，快乐阅读"的清新之风，悄然吹遍了众多中小学校园，它不仅为学生的综合素质插上了翅膀，更滋养了他们的心田，促进了学习与生活的和谐共生。深入剖析这一活动的丰富内涵、深远意义及其实施路径，无疑将为中小学校提供更加明晰的指引，助力活动持续深化，让每一位学生都能沐浴在这股幸福的阅读浪潮中，茁壮成长。此模式作为现代教育改革浪潮中的一朵璀璨浪花，正以其独特的魅力，引领着教育实践的探索、发展与飞跃。

关键字：快乐阅读；内涵；意义；实施进程

在当今中小学教育的广阔舞台上，"享受教育，快乐阅读"活动如同一股清泉，以其独特的魅力和显著的成效，迅速赢得了教育工作者与学生们的青睐与推崇。它以其简单而不失深度的设计理念，让阅读不再是负担，而是成了一种享受，一种乐趣，一种滋养心灵的甘露。在教育改革的浩荡春风中，这一活动犹如一朵盛开的奇葩，绽放出耀眼的光芒，引领着学生们在知识的海洋中自由翱翔，体验着成长的快乐与阅读的喜悦。

　　"享受教育，快乐阅读"不仅仅是一个口号，它更是一种教育理念，一种教学方式的革新。它倡导的是让学生在轻松愉悦的氛围中，自然而然地爱上阅读，让阅读成为他们生活中不可或缺的一部分。通过这一活动，学生们不仅能够拓宽视野，增长知识，更能在阅读的过程中学会思考，学会感悟，学会成长。这种寓教于乐、寓教于读的方式，无疑为现代教育注入了新的活力与希望。

　　随着"享受教育，快乐阅读"活动的不断深入与拓展，我们期待看到更多的中小学校能够加入到这一行列中来，共同为孩子们营造一个充满书香与快乐的学习环境。让我们携手并进，在教育的田野上播种希望，收获未来，让快乐阅读成为每个孩子成长路上最亮丽的风景线。

　　（一）"享受教育，快乐阅读"的深邃内涵

　　1. 快乐阅读的精髓

　　在人类情感的浩瀚星空中，"快乐"无疑是最璀璨夺目的星辰，它代表着积极、乐观与向上的生活态度。当快乐成为心灵的主旋律，人的心扉便自然敞开，如同春日里绽放的花朵，欣然接纳外界的每一丝养分。此时，知识的种子得以迅速生根发芽，并深深烙印在快乐的记忆之中，每当回味，都能激发内心无限的愉悦与动力，引领我们迈向更加辉煌的成就。

　　孔子有云："学而时习之，不亦说乎？"此言精妙地揭示了学习的乐趣所在，亦即"乐读"的真谛。情境教学法与现代心理学亦不谋而合，共同强调了愉悦情绪在学习过程中的催化作用。它们告诉我们，在快乐的氛围下，人的记忆力与理解力会达到前所未有的高度，潜能得以最大限度地释放，从而推动个人在各个领域的全面发展与进步。

　　"享受教育，快乐阅读"，简而言之，便是在这份愉悦情绪的滋养下，中小学生所进行的一种阅读实践活动。它不仅仅局限于书本的翻阅，更是一种心灵的旅行，让学生们带着欢笑与期待，探索自己喜爱的知识领域，在字里行间感受快乐，收获成长。

2. 快乐阅读的广泛应用

阅读，作为学生学习生涯中不可或缺的一部分，早已渗透到他们生活的方方面面。从教师精心指导的课堂阅读，到学生自主探索的课外阅读；从语文的诗词歌赋，到数学的逻辑推理；从地理的广阔天地，到音乐的悠扬旋律，阅读以其多样化的形式，丰富着学生的精神世界。

而"享受教育，快乐阅读"这一理念，如同一股清新的春风，吹遍了中小学阅读的每一个角落。它不拘泥于阅读的形式与目的，无论是严肃的学术探讨，还是轻松的生活随笔，都能在快乐的氛围中焕发出新的活力。教师、图书管理员、学校领导乃至社会各界教育工作者，都可以成为这一理念的传播者与实践者，他们以灵活多样的方式，引导学生享受阅读的乐趣，让快乐成为阅读的底色。

通过这一理念的嫁接与融合，"享受教育，快乐阅读"不仅保留了传统阅读的精髓，更在此基础上增添了新的魅力与活力。它拓宽了阅读的空间，提升了阅读的质量，更深刻地满足了学生成长的需求与期望。在快乐中阅读，在阅读中成长，学生们得以在知识的海洋中自由翱翔，享受教育的美好与幸福。

（二）"享受教育，快乐阅读"的意义

在当今这个竞争激烈的时代，学生们往往背负着沉重的学业压力，容易对学习产生厌倦与抵触情绪。而"享受教育，快乐阅读"的提出，正是为了改变这一现状，让学生们在快乐中找回学习的乐趣与动力。它不仅能够改善学生的情绪状态，提高他们的学习积极性与主动性，更能促进他们身心的健康发展与全面素质的提升。

此外，"享受教育，快乐阅读"还是对传统阅读模式的一次重要革新。它强调阅读过程中的快乐体验与情感体验，使阅读不再是一项枯燥乏味的任务，而成为一种充满乐趣与收获的精神享受。在这样的阅读过程中，学生们能够更加深刻地理解知识、记忆知识、运用知识，从而在学业上取得更加优异的成绩与突破。

更重要的是，"享受教育，快乐阅读"还能够潜移默化地影响学生的品格与习惯。在快乐的阅读中，学生们学会了坚持与毅力、学会了思考与创新、学会了感恩与分享。这些宝贵的品质与习惯将伴随他们一生，成为他们走向成功与幸福的坚实基石。因此，"享受教育，快乐阅读"不仅是学校与社会的责任与使命所在，更是每一位教育工作者与学生共同追求的目标与梦想。

（三）"享受教育，快乐阅读"的实践之旅

1. 目标的宏伟蓝图与细腻实践

"享受教育，快乐阅读"的宏伟目标，旨在全方位促进学生的成长与发展——从学科知识的深化到课外视野的拓宽，从品德修养的提升到日常生活的充实，无一不彰显其深远意义。而具体到每一次阅读活动，我们则须依据实际需求，设定细致入微的小目标：或许是为了让学生在欢声笑语中掌握数学课上三角形的奥秘，或许是为了让他们在《荷塘月色》的柔美意境中沉醉，更或许是为了在字里行间播种下爱国主义的种子。关键在于，这些目标不应仅停留于纸面，而应真正融入学生的课堂学习、课外活动乃至日常生活之中，成为推动他们成长的强大动力。指导人员须以高度的责任感与执行力，精心策划，严密组织，确保"享受教育，快乐阅读"的每一环节都能落到实处，绽放出独特的价值与魅力。

2. 指导团队的构建与效能发挥

（1）团队的多元与专注

"享受教育，快乐阅读"的航程，离不开一支专业且充满活力的指导团队。无论是长期浸润于语文课外辅导的深耕细作，还是短期聚焦特定主题的精准施策，我们都须根据活动的性质与需求，灵活调配资源，组建由语文教师、其他学科教师及图书管理人员构成的多元化指导团队。他们不仅要对"享受教育，快乐阅读"理念有着深刻的理解与认同，更须具备丰富的实践经验和良好的沟通协调能力。合理的师生比例（如 1:40）确保了每位学生都能得到充分的关注与指导，而适时的增减调整则让团队更加灵活高效。此外,分管领导的监督指导与团队内部的经验交流,如同双翼齐飞,共同推动着"享受教育,快乐阅读"活动的深入发展。

（2）指导的艺术与智慧

在"享受教育,快乐阅读"的舞台上,指导人员不仅是知识的传递者,更是快乐的引路人。他们须运用智慧与创意,为学生量身打造阅读盛宴。从精选与学生智力水平、兴趣点相契合的阅读材料,到设计寓教于乐、寓教于读的活动环节,无不体现出指导人员的匠心独运。面对学生兴趣减退的挑战,他们更是能迅速应变,通过风趣的讲解、趣味的游戏、网络趣读等多种方式,重新点燃学生的阅读热情。同时,指导人员还须密切家校联系,深入了解学生的家庭阅读环境与生活状态,以便更有针对性地开展阅读指导。他们关注阅读效果与目的的实现,通过科学的评估与反馈机制,不断调整优化活动方案,确保"享受教育,快乐阅读"活动始终沿着预定的轨道稳步前行,最终达到促进学生全面发展、健康成长的美好愿景。

3. "享受教育,快乐阅读"的愉悦之旅

在"享受教育,快乐阅读"的旅途中,蕴含着独特的韵律与智慧。指导人员作为引领者,须深谙其道,以细腻的交流与反馈为桥梁,连接起领导、阅读者与自我之间的理解与共识。从任务的精准传达,到阅读者状态的细致掌握,再到阅读心声的真诚倾听,每一步都须经过时间的精心酝酿与沉淀。领导的认可与支持如同灯塔,为活动指引方向;指导人员的全局观与细节控,则是航船稳健前行的双桨;而阅读者的基础与能力,则是推动这趟旅程不断向前的动力源泉。唯有如此,方能确保活动顺畅无阻,成效斐然,最终抵达预定的阅读彼岸。

"快乐",这一核心理念,如同活动的灵魂,贯穿于"享受教育,快乐阅读"的始终。它源自学生内心深处,是真诚情感的流露,而非表面的逢场作戏。真正的快乐,能够激发学生内在的潜能,让阅读成为一种享受,而非负担。当快乐成为活动的基调,氛围自然热烈而持久,教育的力量与学习的乐趣得以完美融合,共同促进学生的全面发展与成长。

（1）探寻学生心灵的快乐密码

作为指导人员，洞悉学生兴趣与快乐的密码是必备的技能。这要求我们深入学生内心，了解他们的喜好与偏好，无论是纸质书籍的墨香，还是网络阅读的便捷；无论是文科的深邃，还是理科的严谨；抑或是结伴共读，还是独自沉浸。通过直接的对话交流或间接的观察，我们得以捕捉那些稍纵即逝的快乐瞬间，并将其转化为推动"享受教育，快乐阅读"的强大动力。切记，快乐不应是低俗的取悦，而是基于对学生成长需求的深刻理解与尊重。

（2）科学规划阅读时光

了解学生的阅读偏好后，科学规划阅读时间便显得尤为重要。无论是课内的专注阅读，还是课外的悠然自得，都应根据学生的实际需求与状态来灵活安排。适量而合理的阅读时间，能够帮助学生放下学习的重担，全身心地投入到阅读的乐趣之中，让快乐成为阅读最自然的伴侣。

（3）营造并维系"快乐"的磁场

在"享受教育，快乐阅读"的舞台上，指导人员不仅是导演，更是氛围的营造者。他们须具备敏锐的洞察力与灵活的应变能力，随时根据阅读内容与学生的状态调整策略，以提问引导思维、以故事激发想象、以游戏增进互动、以谜语启迪智慧、以歌声传递情感、以画笔描绘梦想……种种方式交织成一张快乐的网，让学生在其中自由翱翔，享受阅读带来的无尽乐趣。快乐不应是偶尔的点缀，而应如同呼吸般自然，贯穿阅读的始终，让每一次翻页都成为一次心灵的愉悦之旅。

（四）"享受教育，快乐阅读"的发展

在时代的浪潮中，任何教育活动若不能与时俱进，终将被历史的车轮所淘汰。"享受教育，快乐阅读"这一理念，正是紧握时代脉搏，随着教育理论与实践的日新月异，不断在理论的沃土上深耕细作，实践的田野上勇攀高峰。它如同一位勇敢的探险家，不断在知识的密林中探索未知，在教育的征途上开拓创新，确保阅读这一古老而常新的活动，能够更好地服务于现代教育，焕发新的生机与活力。

　　"享受教育，快乐阅读"，不仅是一句响亮的口号，更是教育工作者与社会各界共同追求的教育理想。它像一缕温暖的阳光，照亮学生成长的道路，让他们在快乐中汲取知识的养分，茁壮成长。当看到学生们在阅读的海洋中畅游，脸上洋溢着幸福的笑容，那份由内而外的喜悦，是对教育者辛勤付出的最好回馈。我们欣慰地看到，通过"享受教育，快乐阅读"，学生们正逐步成长为社会主义事业的接班人，为构建和谐社会、建设美好的社会主义大厦贡献自己的力量。

　　更重要的是，"享受教育，快乐阅读"以其独特的魅力，激发了学生们对阅读的浓厚兴趣，培养了他们良好的阅读习惯。在"快乐"的引领下，学生们仿佛拥有了无穷的动力，勇敢地在阅读的海洋中乘风破浪，一路向前。这种方法不仅让学生们在阅读的过程中感受到身心的愉悦，更让他们在不知不觉中提升了自己的阅读能力和综合素养，为未来的学习和生活奠定了坚实的基础。

　　因此，"享受教育，快乐阅读"不仅仅是一种阅读方式，更是一种教育理念，一种生活态度。它让我们相信，只要心中有爱，眼中有光，就能在阅读的道路上越走越远，收获更多的知识与快乐。

第十章 关于后进生的阅读教育

对于阅读指导者而言，那些乖巧懂事的学生总是格外受到青睐。他们如同阅读花园中的花朵，不仅严格遵守阅读的秩序，尊重每一份知识的传递与同伴间的相互尊重，更怀揣着对阅读的无限热爱。即便偶尔在探索的旅途中不慎跌倒，犯下那些成长中难以避免的小错，他们也能迅速自省，积极修正，并在未来的日子里以此为鉴，甚少重蹈覆辙。更令人动容的是，他们乐于伸出援手，无论是协助阅读指导者还是同学，都展现出了难能可贵的团队精神与责任感。这样的学生，其阅读学习之旅往往伴随着优异的成绩与和谐的学习氛围，成为众人眼中的楷模。

然而，阅读的世界里，学生如繁星点点，各放异彩。有的璀璨夺目，成绩斐然，让指导者的教学之旅显得尤为顺畅；有的则如夜空中温柔的星辰，虽不耀眼，却在耐心与智慧的引导下，逐步绽放自己的光芒，完成阅读之旅的每一个小目标。而至于那些暂时处于学习旅途后方的学生，他们或许在阅读这片天地中遭遇了更多的风雨与挑战，有时甚至会遭遇误解、歧视与忽视，部分指导者的耐心似乎也在反复的挫败中逐渐消磨，更有同窗之间的冷漠与嘲笑，如同寒风般侵袭着他们本就脆弱的自信。在这样的环境下，一些学生开始怀疑自我，选择放弃，任由阅读之门悄然关闭。

但，教育的真谛在于唤醒与启迪，而非简单的筛选与淘汰。后进生，这一群体同样蕴藏着不可小觑的潜力与闪光点。正如世间万物，皆有阴阳两面，每个人心中都藏着不为人知的优点与力量，即便是那些看似步履维艰的学子，也有其独特的才华与光芒，只是被一时的困境所掩盖。改进与提升后进生的阅读能力，不仅是教育公平的体现，更是阅读教育深入人心的标志与追求。它要求我们以更加包容与细腻的心态，去发现、去挖掘、去引导，让每一位学生都能在阅读的海洋中找到属于自己的灯塔，照亮前行的道路。

一、后进生阅读教育现状

在阅读的世界里，成功的学生往往展现出独立思考的火花，敢于对既有知识提出质疑，他们的自信心与危机感相辅相成，不断从优秀的同伴中汲取养分。然而，对于后进生而言，阅读教育则是一场更为复杂而细腻的旅程。阅读指导者须深入探索心灵与个性的奥秘，顺境与逆境的交织，得意与失意的平衡，以及立志、努力与道德进化的多维度教育。尤为关键的是，要设计出能够触动后进生内心、激发其潜能的阅读内容与方法。

面对青春叛逆期的后进生，他们如同初生的棱角，渴望被理解却常以刺猬的姿态示人。有的学生在反驳与挑战中寻求存在感，有的则外表顺从内心却暗流涌动；有的孤僻敏感，远离人群，阅读活动中沉默寡言；有的则热衷于成为焦点，用另类的方式吸引注意。更有甚者，因家庭或社会的不良影响，表现出攻击性与自我中心，其背后隐藏的自卑与无助往往令人动容。此外，缺乏自信、逃避责任、特立独行、急躁不安以及过度追求完美等性格特质，也让后进生在阅读教育中面临重重困难。

二、形成后进生的原因

深入剖析后进生现象，不难发现其背后是多重因素交织的结果。首先，社会环境的负面影响不容忽视。教育体系中过分强调应试成绩，忽视了对学生综合素质的培养；互联网信息的泛滥，尤其是负面内容的侵蚀，进一步加剧了学生的迷茫与困惑。同时，拜金主义等不良价值观的盛行，也在一定程度上扭曲了学生的价值观与追求。

家庭，作为孩子成长的第一课堂，其教育方式的失当也是导致后进生形成的重要原因。过度溺爱导致孩子缺乏自我约束与责任感，而放任自流则让孩子在成长的道路上迷失方向。此外，家长对孩子过高的期望或忽视，都可能让孩子在压力与迷茫中挣扎，最终成为后进生。

学校作为教育的主体，其教育理念的偏颇同样难辞其咎。应试教育的主导地位，使得学校过分关注学生的考试成绩，而忽视了对学生兴趣、情感及价值观的培养。这种单一的评价体系，不仅限制了学生的全面发展，更在一定程度上加剧了后进生的产生与固化。

因此，要改善后进生的阅读教育现状，须从社会、家庭、学校三方面入手，构建全方位、多层次的教育支持体系。只有这样，才能真正激发后进生的内在潜能，让他们在阅读的海洋中找到属于自己的航向。

三、关于改善后进生阅读的实践

（一）改善后进生阅读的理论

在阅读这片广袤的天地里，阅读指导者应成为后进生心灵的灯塔，引领他们融入集体的温暖怀抱，让他们感受到自己是这个大家庭中不可或缺的一员。通过组织丰富多彩的集体活动，鼓励后进生积极参与，与同学们建立深厚的友谊，共同编织青春的梦想。在阅读旅程的起点，阅读指导者须向学生们播撒"梅花香自苦寒来"的坚韧种子，激发他们"我是早晨七八点钟的太阳"般的无限自信，培养他们"持之以恒，不畏艰难"的耐心品质，以及"为人民服务，为祖国繁荣而奋斗"的崇高理想。

针对后进生的特殊情况，阅读指导者须化身为细心的侦探，深入探究其背后的复杂成因——无论是家庭的风雨飘摇，还是学校环境的微妙影响，抑或是社会风气的潜移默化。通过心与心的交流，阅读指导者应成为后进生最坚实的后盾，帮助他们解开心结，找到问题的症结所在，从而由内而外地激发他们的潜能，让他们在集体的关爱中重拾自信，勇敢地面对阅读学习中的挑战与挫折。

面对后进生的多样性，阅读指导者须秉持"因材施教"的原则，以爱心为笔，以耐心为墨，精心绘制每一份个性化的成长蓝图。要善于发现后进生的闪光点，珍视他们的每一点进步与努力，通过降低阅读难度、设置阶梯式目标等方式，逐步培养他们的阅读兴趣与自信心。在阅读活动中，可以选取简单有趣的故事作为起点，通过提出浅显易懂的问题，引导后进生积极思考，逐步提升他们的阅读理解能力。同时，鼓励后进生阅读逻辑性较强的短文，引导他们抓住文章的重点与要点，培养正确的思维方式与阅读习惯。

特别值得一提的是，针对男生群体在阅读中的特殊需求，阅读指导者应创造更多锻炼其性格与本性的机会，避免填鸭式的被动接受型阅读方式。通过引入纪律约束与冷静应对的策略，同时辅以爱心引导与因势利导，让男生在阅读中释放天性，激发创造力与探索欲，从而远离后进生的行列。

阅读教育的成功，离不开家庭、学校与社会的共同努力。阅读指导者应积极与家长沟通，争取他们的理解与支持，共同为后进生营造一个积极向上的阅读环境。通过表扬与肯定，让后进生在集体中感受到自己的价值与成就，从而激发他们的阅读热情与上进心。同时，可以将后进生与优秀学生编排成学习小组，通过榜样示范与相互激励，促进后进生的快速转化与成长。

总之，优化后进生阅读实践是一项系统工程，需要阅读指导者、家长、学校乃至整个社会的共同努力。让我们携手并进，为每一位后进生点亮阅读的明灯，引领他们在知识的海洋中乘风破浪，驶向成功的彼岸。

（二）对后进生因材施教的阅读

在教育的广阔画卷中，不同阶段孕育着不同形态的后进生，他们如同各季节里亟待绽放的花朵，各自承载着成长的烦恼与期待。小学，是基础的奠基期，后进生的身影往往因贪玩与散漫而显现，稍加引导即可步入正轨；初中，是青春的转折站，身体与心智的双重蜕变让学习的不适应更显复杂，需要教育者以敏锐洞察与细腻关怀，为每位学生量身定制成长方案；至于高中，则是梦想启航的港湾，面对自我认知与社会影响的双重考验，学生或易迷失方向，此时，引导者的角色便显得尤为重要，须以智慧之光，照亮他们回归学习正轨的道路，携手共赴知识的海洋，追求人格与学业的双重飞跃。

1. 针对"时间旅行者"的阅读引导

在阅读的世界里，有这样一群"时间旅行者"，他们似乎对时间的流逝浑然不觉，总在不经意间落后于他人。面对此类学生，我们应深入其内心世界，探寻拖延的根源——是内心的动力不足，还是外界的纷扰所致？随后，以温柔而坚定的力量，将庞大的阅读任务拆解为细小可行的步骤，让每一次成功都成为他们前进的阶梯。适时的提醒与启发，如同夜空中最亮的星，照亮他们思维的盲区；而一个轻松愉悦的阅读环境，更是驱散压力、激发灵感的良方。设定明确的时间框架，如五分钟速览要点，一周一本小说的阅读挑战，乃至一年的阅读成长记录，让时间的每一刻都充满意义，引领他们稳步前行。

2. 引导"独行侠"融入集体阅读

在阅读活动中，不乏那些独来独往、略显孤僻的"独行侠"。他们或许因缺乏自信，或是对社交心存畏惧。此时，阅读指导者应以宽广的胸怀接纳他们，用真诚与耐心搭建沟通的桥梁。通过角色互换，深入理解他们的内心世界，寻找共鸣点。在阅读过程中，巧妙安排任务，如回答简单问题、维护阅读秩序、分发资料等，让他们在服务中找回自信，感受集体的温暖。对于情绪易波动的学生，更须以平和之心相待，用榜样的力量引导他们学会情绪管理，学会在集体中找寻归属感与成就感。

3. 缓解"焦虑旅人"的阅读困扰

阅读，对于某些学生而言，或许是一场充满挑战的旅程，焦虑与紧张如影随形。阅读指导者须化身心灵导师，细致分析焦虑的源头，无论是身体上的不适，还是心理上的抵触，或是能力上的欠缺，乃至外界环境的干扰，都应一一探寻，对症下药。生病时给予休息，情绪低落时提供放松的空间，能力不足时则耐心补课，确保每位学生都能在最适合自己的节奏下成长。通过一系列贴心的举措，帮助学生卸下心灵的包袱，让阅读成为一场愉悦的探索，而非沉重的负担。

4. 单亲家庭学子的阅读之旅

在阅读的殿堂里，我们偶尔会遇见来自单亲家庭的孩子，他们如同早熟的花朵，外表上展现出超乎年龄的乖巧与懂事，但细细品味，那份早熟之下隐藏着的是一颗敏感而脆弱的心，渴望着更多的关爱与理解。家庭结构的特殊性，让他们缺少了那份完整的温暖与庇护，导致性格中或多或少地烙印上了环境的痕迹。若是由母亲独自抚养，孩子可能显得更为细腻却也不免带上几分小心与自私；若跟随父亲，则可能展现出直率却伴有些许粗犷与冲动。而对于那些父母再婚的孩子，他们或许更加孤僻，内心充满了猜忌与不解，难以融入群体，思想也显得尤为复杂。作为阅读指导者，我们须以细腻的观察与深沉的爱心，透过阅读活动，逐步纠正这些性格上的偏颇，用真诚、耐心与乐观的态度，为他们搭建起一座心灵的桥梁，引导他们在阅读中重拾自信、坚强与独立，培养出健康的人格特质，让爱、安全感与责任感在他们心中生根发芽，绽放出最灿烂的笑容。

5. 轻度残疾学生的阅读之光

在阅读的世界里，亦不乏身体虽有残缺却心怀梦想的学子。他们虽行动不便，却智力健全，积极向上，对知识的渴望丝毫不逊于任何人。然而，长期的孤独与不便，有时会让他们的心灵蒙上阴霾，变得自卑、不合群，情绪易于波动，甚至产生消极的想法。家庭环境的复杂多变，无论是父母的忽视、溺爱，还是偏见，都可能加剧他们的心理负担。在此情境下，阅读指导者更应成为他们心灵的灯塔，用平等的眼光看待每一位学子，通过组织合作小组的方式，鼓励他们积极参与阅读活动，勇于表达自我，同时也学会接受并珍惜来自同伴的帮助与支持。我们须教会他们理解并接纳社会的多元性，懂得同学间应相互扶持、共同进步。更重要的是，我们要激发他们内心的力量，让他们认识到，尽管道路或许更加崎岖，但只要保持不卑不亢的心态，坚持不懈地努力，就一定能够克服困难，拥抱属于自己的美好未来。在阅读的征途中，让我们携手并进，为这些勇敢的学子点亮希望之光，指引他们向着更加辉煌的明天迈进。

四、快速阅读法

为了加速后进生在阅读领域的成长步伐，引入快速阅读法无疑是一把利器，能够显著提升他们的学习成效与阅读体验。首先，让我们从目录入手，它如同书籍的导航图，引领我们迅速概览全书精髓。随后，通过捕捉每段的首尾句及可能的总结性语句，我们能够高效地把握段落大意。若页面边缘伴有醒目的总结性大字，更是不可错过的信息宝藏。在此基础上，灵活决定详读或略读的内容，对关键信息做出标记，使之跃然纸上，一目了然。面对未知领域的资料，不妨放慢脚步，细致研读，确保理解透彻。

随着数字时代的浪潮，线上教育资源如雨后春笋般涌现，其丰富性与高质量令人瞩目。顶尖教育家的教学视频触手可及，其沉浸式的体验甚至超越了传统课堂，为阅读学习开辟了新纪元。后进生既可独立探索，亦可在师长与同窗的陪伴下共同学习。与指导者并肩阅读时，疑问得以即时解答，阅读的意义与价值在交流中更显深刻。同学间的讨论与合作，则如同智慧的火花碰撞，激发新的思考，共同攀登知识的高峰。

然而，生活亦不乏须独自面对的阅读挑战。此时，掌握有效的阅读策略与方法显得尤为重要。阅读指导者应成为后进生的灯塔，教会他们如何在无人指引时，也能自信地航行于知识的海洋，顺利完成任务。

此外，搜寻阅读资料同样是一门艺术，须兼具技巧与智慧。在信息时代，利用搜索引擎虽便捷，但亦须明辨是非，灵活应对。面对习题答案，不仅要直接采纳，更要学会分析、比较与推理，将答案与自己的思考相结合，形成更为完整、准确的理解。对于复杂的题型，如判断、选择、名词解释及论述等，更要培养敏锐的洞察力与卓越的总结归纳能力，确保答案既全面又精练，于有限的时间内展现出最佳的学习成果。

总之，快速阅读法不仅是提升阅读速度的秘诀，更是培养自主学习、深度思考与高效解决问题的能力之钥。让我们携手后进生，共赴这场阅读之旅，让知识之光照亮他们前行的道路。

五、培养全面发展的学生

在学校这片滋养心灵的沃土上，阅读教育肩负着双重使命：一是雕琢学生的品性，让他们成为社会之树中坚实而和谐的枝干，能够自信地融入社会的广阔森林，各司其职，共筑美好；二是锤炼学生的能力，赋予他们创造与创新的钥匙，共同绘制社会进步的辉煌蓝图。尤为关键的是，对于后进生而言，阅读教育如同一股不息的暖流，推动他们在社会进步的列车上稳健前行，确保他们不仅不掉队，更能在自己的位置上发光发热，实现自我价值。

阅读，是通往心灵深处与广阔世界的桥梁。它让人的心灵得以丰富，不仅通过个人经历感悟生活的酸甜苦辣，更通过他人的智慧之光，拓宽视野，深化思考，使思维之河更加清澈而深邃。然而，当阅读的知识过于抽象、泛化，学生或许会陷入迷雾，因间接经验与现实的鸿沟而迷茫。为此，鼓励学生投身社会实践，亲身体验生活的酸甜苦辣，将书本知识与现实经历交织融合，方能激发思维的火花，促进全面发展。

学校教育，应成为滋养学生好奇心、探索欲与批判精神的沃土。在这里，学生与世界积极互动，勇于探索未知，敢于质疑权威，不断追寻自我、人生与社会的真谛。科学与人文，如双翼齐飞，让学生在知识的海洋中遨游，既培养严谨的逻辑思维，也激发丰富的艺术想象力。如此，方能孕育出既具备深厚科学素养，又拥有高尚人文情怀的多元化人才，后进生亦不例外，他们同样需要这份滋养与引领。

理想中的学生，应是知识与情感的完美结合体。他们既能探讨宇宙的奥秘，亦能沉醉于艺术的殿堂；既能脚踏实地，学习古人的智慧与成就，亦能仰望星空，追寻现代科学的辉煌。他们不仅拥有扎实的学识，更具备风趣幽默、感染人心的个人魅力，能够在任何境遇下保持乐观，用创造力点亮生活的每一个角落。

阅读指导者，则是后进生阅读之旅中的灯塔，用关爱与智慧照亮他们的前行之路。在他们的引领下，孩子们得以享受童年的纯真、少年的激情与青年的梦想，学会自我取悦，拥抱自主学习与终身学习的理念。学校、家庭、社会，共同构成了阅读的广阔舞台，不同的教师、多样的方式、丰富的内容，共同促进学生个性的发展、身心的健康与成绩的飞跃，让他们在未来的道路上，无论是个体成长还是集体协作，都能游刃有余，绽放光彩。

第十一章　关于购书方面的理论和实践

论文标题：探索图书购买与市场调节的动态契合维度

摘要：

在当今信息爆炸的时代，组织与个人对知识的渴求促使图书成为连接精神世界的桥梁。本文深入剖析了图书购买行为与市场动态之间的微妙互动，聚焦于两大核心维度——图书购买流程的精细化解析与图书市场需求变动的灵活应对，以及市场调节机制如何精准匹配这一变动。旨在构建一个图书资源与市场机制高效契合的框架，确保每一本图书都能发挥其最大效用，同时让市场资源得以优化配置，从而全面释放图书在丰富人们精神世界、提升生活质量方面的无限潜力与价值。

关键词：动态契合维度；购买流程解构；图书分类与市场响应；购买变动；市场调节策略

一、引言

在二十一世纪这个信息洪流奔腾不息的时代，人们如同航行于浩瀚知识海洋的探险者，不断寻求着学习与成长的灯塔。图书，这一承载着智慧与经验的古老媒介，在新时代的浪潮中更显其不可或缺的价值。它不仅滋养着个人的精神世界，也是组织进步与创新的源泉。无论是为了满足工作

137

的专业需求，还是丰富生活的闲暇时光，图书都是组织和个人不可或缺的宝贵资源。

购买图书这一行为，本质上是一场知识与市场的深度对话。它要求我们在纷繁复杂的市场环境中，精准捕捉需求，灵活应对变化，实现图书资源与市场需求的完美契合。这一过程，不仅是图书从生产者到消费者手中的简单流转，更是知识价值在市场机制下最大化释放的生动体现。

本文所探讨的"维度"，正是购买图书与市场之间动态契合的多元视角与深度剖析。我们旨在从多个方面、多个角度，深入探索与分析组织和个人在购买图书过程中如何与市场形成高效互动，如何通过不断优化购买流程、提升市场敏感度，来实现购书体验的便捷化、高效化，同时促进图书市场的繁荣与发展。

随着信息传播方式的日新月异，组织和个人在享受知识便利的同时，也面临着前所未有的挑战。每年，购买图书的决策与行动都伴随着新的考量与问题。因此，总结过往经验，勇于面对并解决新问题，成为我们不断前行的动力。通过流程化、规范化的购书管理，我们可以让购买图书的过程变得有章可循、清晰明了，减少不必要的困扰，提升整体效率。

更进一步，深入理解购买图书的变动趋势与市场调节的微妙机制，把握其内在规律与动态变化，是我们实现购买图书与市场之间高度契合的关键。只有这样，我们才能在新时代的浪潮中乘风破浪，不仅让每一本图书都能发挥其最大的价值，也推动组织、个人与市场的共同进步，携手迈向更加繁荣的未来。

二、组织和个人去市场购买图书流程维度

（一）组织或个人去市场购买图书流程解释

市场购书之旅，始于采购者精心策划的购书计划，终于图书的顺利接收，这一循环往复的过程，构成了组织与个人获取知识资源的关键链条。每一轮流程的结束，都蕴含着对新一轮计划的启迪与重塑，形成了持续优

化的动态闭环。流程的时间跨度与节奏，依据实际需求与外界环境的变化灵活调整，确保效率与实效的和谐统一。

对于个人而言，购书流程虽与组织相似，却多了几分家庭的温馨与灵活。家庭的经济管理者替代了会计的角色，采购者须与之沟通费用情况，并根据家庭经济状况合理安排报销或记账，体现了家庭决策的细致入微。

（二）组织或个人去市场购买图书流程中注意几点

1. 图书分类的精准定位

组织与个人在市场购书时，首要任务是明确图书的类别与用途。无论是学校教学必备的教材教辅，抑或是政府机构的政策指南、图书馆的广泛藏书、档案局的专业资料、公路站的交通指南，还是个人提升技能所需的《计算机和软件》等，每一本书都承载着特定的使命，服务于特定的需求，助力组织与个人在各自的领域内精进不辍。

2. 环节相扣，注重细节

购书流程细分为计划、讨论、决定、支款、购买、接收六大环节，每一环都紧密相连，不可或缺。这不仅是一项任务的分解，更是对责任与效率的双重考验。采购者须具备专业素养与高尚品德，以敏锐的市场洞察力，精准把握图书市场动态，确保每一本书的选购都恰到好处。

第一，计划先行：深入了解市场趋势，翻阅最新书目，与供应商保持紧密沟通，确保计划的前瞻性与合法性。

第二，集思广益：内部讨论中，领导与成员应积极参与，结合实际需求，提出建设性意见，共同绘制出切实可行的购书蓝图。

第三，决策明确：领导的决策为购书计划指明了方向，并提供了必要的财务支持。

第四，资金筹措：预算制定须留有余地，以应对可能的意外支出，确保购书活动的顺利进行。

第五，采购执行：在图书销售点精心挑选，确保书籍质量，及时完成交易。

第六，接收反馈：图书接收后，须及时整理归档，并将使用信息反馈给销售点，形成良性互动。

此外，对于代替他人订购的图书，采购者须更加细心周到，确保书籍能够及时送达，并做好后续服务工作。通过不断的经验积累与市场沟通，持续优化购书计划，推动购书活动向着更加高效、便捷的方向发展。

3. 组织与个人购书流程中亟待优化的市场挑战与策略

（1）专业化管理

在当前组织与个人购书流程中，一个普遍存在的问题是购书事务的非专业化处理。往往将购书视为琐事，随意指派人员对接，忽视了购书流程的专业性与市场敏感性。这不仅可能导致图书采购的盲目性与低效性，也无法充分满足组织与个人的实际需求。因此，我们强烈建议设立专门的购书岗位，由具备图书市场知识与采购经验的专业人员负责，确保购书活动既符合组织发展目标，又紧贴市场脉搏，实现图书资源的精准配置与高效利用。

（2）资金策略与激励

资金是购书活动不可或缺的支持力量。对于组织而言，须审慎规划预算，确保购书资金既充足又合理；对于个人而言，则须量入为出，合理安排购书支出。同时，我们也呼吁图书发行与销售市场能够采取更为灵活的定价策略，特别是在大额订单时给予适当的优惠与让利，以减轻组织与个人的经济负担，激发订阅热情，进而促进图书市场的繁荣与发展。

（3）订购流程的便捷化

在实际购书过程中，我们发现部分市场销售点在收款方式上存在局限性，如仅支持现金交易或指定银行汇款，这无疑给订户带来了不便。为了提升顾客满意度与购书体验，市场销售点应积极响应时代变化，采用多元化的收款方式，如支持移动支付、银行卡支付等，并加强对员工的培训，确保他们能够熟练掌握新技能，为顾客提供更加便捷、高效的服务。这样的改变不仅能够吸引更多顾客，还能有效扩大销售量，推动图书市场的持续发展。

（4）电子图书市场的拓展与普及

随着科技的进步与互联网的普及，电子图书阅读已成为中青年人群的重要选择。然而，在部分小城镇及农村地区，电子图书阅读的发展相对滞后。为了缩小这一差距，我们建议大城市积极发挥引领作用，通过提供硬件设备支持、开展人员培训等方式，帮助落后地区构建完善的电子图书阅读环境。这不仅有助于促进电子智能图书市场的改进与扩大，还能让更多人享受到科技进步带来的阅读便利与乐趣，共同推动全民阅读时代的到来。

三、购买图书变动情况和市场调节方式维度

（一）购买图书市场的工作类和生活类图书比例维度

1. 精准抽样调研

面对庞大的消费群体，我们采用了科学的随机抽样方法，精准锁定典型组织与个人，如各级图书馆、学校师生、各类企事业单位成员及广泛的社会群体，发放针对性的问卷，以全面覆盖并深入分析工作类与生活类图书的购买偏好。此举不仅确保了样本的代表性，也简化了数据处理流程，为后续研究奠定了坚实基础。

2. 分类比例透视

通过细致的数据统计与分析，我们揭示了各类消费群体在工作类与生活类图书购买上的鲜明差异：图书馆两类图书购买量大致相当；学校则倾向于工作类图书（教材教辅）占主导；单位购书则以工作类为主，生活类为辅；而个人购书则明显偏向生活类。这些数据直观反映了不同社会角色对图书需求的多元化特征。

3. 市场灵活应变

基于上述比例分析，图书市场应敏锐捕捉消费者需求变化，动态调整工作类与生活类图书的出版与发行比例，避免资源浪费与供不应求的双重困境。通过精准的市场定位与策略调整，促进购书活动的健康循环，实现图书市场的可持续发展。

（二）购买图书市场的旺季和淡季维度

1. 季度购书趋势洞察

深入剖析各季度购书总量，我们发现图书馆与学校成为购书的主力军，其购书高峰往往与学术周期紧密相关；而个人购书则呈现出较大的随机性。这些发现为我们理解购书市场的季节性波动提供了重要依据。

2. 市场策略适时调整

针对旺季，市场应提前布局，增加人手、优化服务，确保购书体验；而在淡季，则应通过促销、降价、精准营销等手段，激活潜在需求，提升销售额。特别是对于图书馆、书店等关键市场，更应加大推广力度，提供个性化、多样化的图书选择，以吸引更多消费者。

（三）购买图书占市场份额与政策支持维度

1. 市场份额的深度剖析

通过详细的市场份额分析，我们进一步确认了图书馆与学校作为图书市场主要消费者的地位，单位购书也占一定份额，同时也揭示了个人购书虽小却不可或缺的作用。这种差异化分析有助于我们更准确地把握市场脉搏，为制定针对性策略提供有力支持。

2. 图书使用性质的多元解读

图书不仅是知识的载体，更是文化传承与创新的重要工具。图书馆以其丰富的藏书与专业的服务，成为知识与文化的宝库；学校则是教书育人的重要场所；单位图书则承载着方向引导与教育启迪的使命；而个人图书则更多地服务于个人成长与生活需求。这种多元化的使用性质，共同构成了图书市场的独特生态。

3. 国家政策的积极引导

国家政策的支持对于图书市场的健康发展至关重要。通过加大对图书馆与学校的投资与建设，可以有效提升其服务能力与社会影响力；同时，关注并支持单位与个人的购书需求，也能进一步激发图书市场的活力与潜力。

4.市场与政策的协同作用

在市场经济的大背景下，图书市场既需要遵循市场规律，也离不开国家政策的引导与扶持。通过市场与政策的协同作用，我们可以更好地平衡供需关系、优化资源配置、推动图书市场的繁荣发展。例如通过调整图书价格引导消费、财政拨款激励学校购书等行为，都是市场调节与政策引导相结合的成功案例。

（四）应对购买图书和市场具体情况维度

在规划购买图书与市场的策略时，我们须深刻洞察并灵活应对其复杂多变的本质。

1.逆势而上的市场智慧

诚然，图书市场不乏反常规之举。当组织或个人因特殊需求，如技术竞赛的筹备，在传统淡季掀起技术类图书的购买热潮时，市场应展现出高度的敏锐与灵活性。它须迅速捕捉这一信号，确保信息流通无阻，同时加速相关图书的更新迭代、出版与分发流程，以高质量供给满足突如其来的需求高峰，让市场在新旺季中焕发勃勃生机。

2.复杂情境下的精准调控

市场更是一场错综复杂的交响乐，即便在旺季也不例外。以职校为例，农业班的调整看似简单，实则牵动着图书市场的微妙平衡。面对农业班取消的消息，市场须迅速调整策略，减少库存中的农业类图书，然而，国家政策的宏观导向又预示着农业教育的长期重要性。因此，市场须以更深远的视角审视，预判并提前布局，增加农业图书的供应，确保教育与市场的双重需求得到满足。

四、结语：和谐共生，共绘图书市场新图景

购买图书与市场的和谐共生，是动态变化中的永恒主题。它们如同两条交织的河流，随时间、事件、政策的变迁而起伏跌宕。在此过程中，我们须秉持实事求是的态度，结合具体情境，灵活运用多种策略，以应对现

实世界的复杂多变。这不仅是为了让购买图书更加贴近组织与个人的实际需求与财力状况，更是为了推动市场的繁荣，减少库存积压，优化资源配置，实现经济效益与社会效益的双赢。

图书市场作为市场经济时代的产物，其动态契合的本质要求我们必须高度重视。唯有如此，我们才能在市场主导与国家辅助的双重作用下，充分挖掘图书的知识价值与经济潜力，让图书市场成为时代浪潮中的弄潮儿，引领图书事业稳健前行，迈向更加辉煌的未来。

展望未来，购买图书与市场的动态契合之路仍充满挑战与机遇。但只要我们坚持马克思主义唯物辩证法的指导，汲取历史经验，勇于探索创新，紧密依靠政府、社会各界及每一个个体的共同努力，我们定能消除阻碍，提升效率，让图书采购与市场运作更加人性化、精准化，真正实现图书的最大效用与社会价值。最终，图书将成为推动社会主义精神文明与物质文明建设的重要力量，为实现中华民族伟大复兴的中国梦贡献不可磨灭的力量。

第十二章 阅读教育细谈（一）

阅读，这一灵魂的滋养之源，与教育之树根深叶茂，相辅相成。阅读的本质，在于赋予阅读者以卓越的教育体验，促进其全面而深刻的成长。它不仅是知识的传递，更是心灵的启迪与智慧的累积。

一、阅读教育的现状

回溯历史长河，世界以45亿年的壮阔演绎着生命的奇迹，人类则以近5万年的智慧火花，点亮了文明的灯塔。文章，作为思想的载体，已悠悠走过6000余载春秋，而拼写字母的诞生，更是为知识的传承插上了翅膀。自公元11世纪中国开启书籍印刷的新纪元，信息的传播便以前所未有的速度席卷全球。然而，随着打字机的嗒嗒声、电话线的千里传音、电影与电视的光影交错，直至1946年计算机的横空出世，世界已悄然转变为一个信息爆炸的宇宙工厂。在这样的背景下，交流能力跃升为时代的关键词，它不仅关乎人际间的理解与沟通，更是连接个体与世界的桥梁。

阅读，作为与资料深度对话的方式，其内涵已远远超越了传统的纸墨之间。它涵盖了课堂内外的一切学习场景，无论是文科的诗意隽永，还是理科的逻辑严谨；无论是文字的经典传承，还是视频音频的直观呈现；无论是教师引领下的共读时光，还是学生独自探索的静谧夜晚；乃至跨越校园界限，融入社会各个角落的广泛阅读，都是阅读教育不可或缺的组成部分。学生须从当下起，学会与各种信息共舞，掌握阅读交流的技巧，方能在这瞬息万变的世界中，稳健前行，与时代同频共振。

在今日这个网络织就、数据涌动的时代，善读者如同寻宝者，穿梭于文字、视频、音频的海洋，汲取着滋养心灵的甘露，他们的智慧因此而深邃，修养因此而丰厚，视野因此而宽广，韧性因此而坚韧，社会融入性亦随之提升。然而，我们也应警醒，信息的泛滥如同潮水，虽能带来丰富的素材，却也悄然偷走了我们宝贵的时间，甚至在一定程度上遮蔽了我们对世界的深刻思考与独立见解。那些精心挑选、分类明确的材料，虽能便捷地构建世界观，却也省去了阅读者艰辛探索的过程，如同课堂上的"填鸭式"教学，难以培养出独立、自信、深刻的阅读者。

因此，阅读指导者的角色显得尤为重要。他们须首要关注并激发阅读者的主动性，让阅读成为一种源自内心的渴望，而非外在的强加。唯有主动，阅读方能生动鲜活，阅读者与材料之间的对话方能深刻而热烈，从而挖掘出深埋的宝藏，让思想在碰撞中更加透彻，力量在汲取中越发强大，创新的火花在不经意间迸发。

同时，阅读方式的选择亦至关重要。真正的阅读，是勇于挑战未知，是独立探索的旅程。它要求阅读者跳出舒适区，选择那些能促进自我理解与能力提升的材料，以独立之姿，深入其中，将模糊的概念清晰化，将内在的力量最大化。这样的阅读，不仅是知识的积累，更是心灵的蜕变，是阅读者自我重塑的壮丽篇章。阅读，既是一种行为实践，又是一门艺术享受，它引领着阅读者破茧成蝶，飞向更加辽阔的天空。

二、阅读教育理论

（一）阅读的多维目标

在浩瀚的信息海洋中，阅读扮演着双重角色。一方面，它是日常生活的贴心助手，以轻松的姿态为我们处理繁杂事务提供指引与便利，让生活之舟得以顺畅航行；另一方面，阅读则是勇者的征途，当面对高于自身水平的作品时，阅读者须怀揣耐心与主动，逆流而上，于挑战中磨砺心智，深化理解，累积新知，从字里行间汲取技能与信心，实现自我超越，让生活因阅读而更加深邃、多彩。此外，还有一种阅读，它是心灵的避风港，以娱乐之名，让疲惫的灵魂得以休憩，无须负担，随性而读，是生活不可或缺的一抹亮色。

然而，阅读之路亦布满荆棘，须警惕"书呆子"式的误区。过度而无策略的阅读，即便涉猎广泛，也可能因方法不当、思考偏离而陷入迷茫，使宝贵的知识资源沦为无意义的堆砌。真正的阅读，应是自我发现与指导并行的旅程，唯有阅读者成为这场旅行的主导者，阅读方能焕发青春活力，成为滋养心灵的甘泉。

在指导式阅读的殿堂里，倾听成了一门艺术，阅读者与指导者之间构建起一座桥梁，通过不断的交流、琢磨与思索，共同探索知识的奥秘。同时，阅读也是一场视觉与记忆的盛宴，阅读者须调动所有感官，让想象力成为驰骋于思想天空的翅膀，拓宽阅读的广度与深度，锤炼思维，开拓出一片知识与能力的立体疆域。

（二）阅读材料的斑斓分类

阅读材料，如同世间万物，纷繁复杂，各有千秋。对其进行科学分类，是阅读之旅的重要起点。无论是国外的杜威十进制分类法，还是国内的中图分类法，虽形式各异，但核心思路相通，皆旨在引导读者按图索骥，精准定位所需。须知，分类虽具相对性，却能为阅读者提供清晰的导航，帮助其在书海中精准捕捞知识的珍珠。

《家用百科大全》的百科全书属性一目了然，《唐诗三百首》的文学韵味沁人心脾；而《马克思主义》横跨政治与哲学两界，《我有一颗教育心》则融合了教育与文学的精髓。更有如《渔岛怒潮》般名字误导的文学作品，实则暗藏反特斗争的波澜壮阔。文集类作品如《冰心文集》等，虽同处一时代，却各具风格，展现了文学的多彩面貌。历史巨著如《春秋》至《资治通鉴》，虽跨越千年，却在对史实的记载上展现出惊人的共鸣。

分类的意义，在于揭示阅读材料的独特价值与应用场景。它让阅读者在面对琳琅满目的书籍时，能够迅速识别其差异性与共通性，从而有条不紊地规划阅读路径，提高阅读效率与质量。书名、序言、目录乃至内容本身，都是分类的重要依据，它们共同勾勒出一幅幅阅读材料的精准画像。如沈括的《天工开物》展现科学实用之美，柏拉图的《理想国》则引领我们遨游哲学理论的殿堂。每一本书，都有其独特的文体特征与魅力，等待着阅读者根据自身的需求与兴趣，去发掘、去品味、去成长。

（三）自主阅读的深邃之旅

在教育的广袤天地里，自主阅读犹如一场静谧而深远的自我探索，它与课堂之上的师生互动相映成趣，却自成一派风景。课堂之中，教师的即时指导如同灯塔，照亮学生求知的航道；而自主阅读，则是阅读者独自驾舟，以阅读材料为舵，驶向知识的深海。在这里，阅读者须自备慧眼与慧心，依据材料的特性，灵活调整阅读策略，自我驱动，达成阅读之目标，体验思考之乐趣。

自主阅读的层次，恰似阶梯，步步攀升。初阶，乃基础性阅读，如孩童蹒跚学步，识字与理解并行，简单而纯粹；进阶至略读，如同走马观花，于有限时间内捕捉材料精髓，勾勒知识框架；再向上，则是思考阅读的殿堂，这里需要时间的沉淀与深入的思考，阅读者细品文字，剖析脉络，挖掘深层意义，每一字一句皆成智慧的火花；而终极之境，研习阅读，更是对阅读者综合素质的极致考验，它不仅要求广泛涉猎，更须在阅读中创新，让思想在碰撞中绽放新芽，完成从吸收到创造的华丽蜕变。

（四）阅读习惯：终身学习的基石

在信息化浪潮席卷的今天，学习型社会已成为时代强音。社会结构的日新月异，新兴职业的层出不穷，无一不在呼唤着学习能力的持续升级。阅读，作为学习之翼，其重要性不言而喻。个体阅读的独立性、自主性、自信力与创造力，是推动主动学习的强大引擎；而集体阅读中的信息交融、思维碰撞，则是学习力多元化的展现。

培养阅读习惯，便是为终身学习铺设了一条坚实的道路。它不仅仅关乎知识的积累，更是思维方式的塑造与升级。在阅读中，我们学会思考，学会创新，更学会如何在瞬息万变的世界中保持一颗求知若渴的心。随着阅读习惯的日益深化，我们的视野将更加开阔，心灵将更加丰盈，终身学习，也因此成了一种自然而然的生活方式。

（五）学生阅读活动的成长轨迹与智慧之旅

学生的阅读之旅，犹如一场精心编排的交响乐，共分为五个华彩乐章。首乐章，自童稚之初至六七岁，是阅读启蒙的黄金期。这段时光，须以健全的视听为基，辅以基础的认知能力与流畅的表达能力，更须融入集体的温暖怀抱，方能顺利开启阅读的大门。即便偶有延迟，亦不过是对童真成长的温柔等待，对阅读的热情与潜力影响不大。

第二乐章，小学岁月悠悠，孩子们在图文并茂的世界中蹒跚学步，从识字起步，逐步掌握阅读的基本技巧。当上百个汉字跃然心间，阅读之门悄然洞开，兴趣的种子在心田生根发芽，文字符号间流淌的意义成为他们探索世界的钥匙。

第三乐章，学科阅读的多元探索。学生们学会了根据不同学科的特点，灵活运用阅读方法，从上下文的语境中捕捉新知，兴趣如潮水般汹涌，生活的画卷因阅读而更加绚烂多彩。

第四乐章，阅读技能的炉火纯青。学生们已能游刃有余地穿梭于浩瀚书海，不仅广泛涉猎，更能对阅读材料进行深入剖析，横向比较，纵向挖掘，每一次阅读都是一次思想的飞跃，新的领悟如星辰般璀璨。

最终，第五乐章，青春阅读的辉煌绽放。随着身心的日益成熟，学生们选择适合自己的阅读材料，不断提升阅读技能，阅读不仅是获取知识的途径，更是心灵的滋养，为终身学习奠定坚实的基础。学校、家庭、社会的共同努力，让阅读之光照亮学生成长的每一步，影响其深远。

从第一到第二乐章，阅读引导的关键在于学校、家庭与社会的协同作用，引领学生步入阅读的殿堂。而面对后续阶段紧凑的阅读任务，略读——

这一高效阅读策略显得尤为重要。学生须学会快速浏览，把握标题、目录、序等关键信息，同时利用索引、出版者介绍等辅助材料，迅速评估阅读价值，决定深入阅读或适时放弃。尤其不可忽视的是，书籍末尾的总结与精彩部分，往往是阅读的点睛之笔。

阅读的目的千姿百态，学生的阅读状态亦随之变化万千。有的阅读如拨云见日，有的则似雾里看花；有的适合张扬，有的则需内敛。阅读的成功与否，往往取决于方法与技巧的掌握。学生须先明确核心主题，再深入理解作者观点，衡量材料价值，最终将其转化为自我成长的养分。

面对难啃的阅读材料，学生无须逐字逐句，陷入词典的海洋。略读之法，同样适用。关键在于灵活调整阅读速度，于简单处疾驰，于复杂处慢行，以最适合的节奏，达成最佳的阅读效果。

记笔记，则是阅读之旅中不可或缺的习惯。它如同航海中的灯塔，引领我们保持清晰的航向，记录思考的火花，深化与作者的对话。无论是画线、标注，还是绘制图示，每一种方法都是与作者心灵交汇的桥梁。在阅读的海洋中，让我们以笔为桨，以心为帆，乘风破浪，探寻知识的宝藏，享受阅读的乐趣与智慧的光芒。

三、阅读教育的实践与深化

（一）完成阅读教育任务

在阅读的浩瀚征途中，学生首要之务在于精准把握阅读材料的核心脉络，如同抽丝剥茧般理清其纷繁复杂的分支内容。这一过程，恰似在迷雾中点亮一盏明灯，让学生在不断探索与发现中，逐渐揭开阅读材料所蕴含的主题面纱，深刻理解其用途与价值所在。当学生们能够以寥寥数语，精准而生动地勾勒出阅读材料的主题精髓时，他们已悄然跨越了阅读理解的门槛，向更深的阅读境界迈出了坚实的一步。

随后，阅读之旅步入精细研磨的阶段。学生们须细品阅读材料的每一章节，犹如在知识的海洋中寻宝，精心筛选出那些蕴含重要信息与深刻见解的章节。更进一步，他们可依据材料内在的逻辑结构，将这些珍珠般的章节巧妙串联，编织成一幅幅绚丽多彩的知识图谱。在这一过程中，学生们不仅加深了对阅读材料的全面理解，更在思维的碰撞中激发出创新的火花，让阅读成为一次心灵的启迪与智慧的升华。

（二）阅读教育的璀璨实例

1. 遨游《史记》的历史长河

《史记》，这部被誉为"史家之绝唱"的巨著，其篇章布局精妙绝伦，既可依时序排列，展现历史的波澜壮阔；又可依人物特性组织，勾勒出一个个鲜活的时代剪影。学生们可跟随司马迁的笔触，探索世家之中那些联合抗秦的勇士、被秦合纵的诸侯，以及商海政坛的佼佼者，领略其独特风采。更可顺着作者的叙述脉络，一步步揭开本纪中帝王将相的神秘面纱，理解他们登场的历史瞬间、所扮演的角色及深远影响，无论是整体概览还是分类解析，皆能收获满满。

2. 深度剖析《红楼梦》的艺术殿堂

《红楼梦》，一部看似平易近人实则博大精深的文化瑰宝，它横跨文学、历史、哲学、医学、商学等多个领域，展现出无与伦比的魅力。面对这部复杂的鸿篇巨制，学生须先洞悉其内在架构，或选取几个经典章节作为切入点，如林黛玉初入贾府的细腻描绘，贾府的奢华景象，宝玉与黛玉初见时的微妙心理，这些看似简单的情节背后，实则隐藏着作者曹雪芹深邃的构思与精湛的技艺。反复研读，方能体会其中语言之妙、结构之巧，感受大师风范。

随着阅读的深入，学生可根据个人兴趣与需求，自主解构《红楼梦》的章节内容。喜爱语言艺术者，可聚焦于黛玉对贾府环境的细腻刻画，从房屋结构到服务人员，再到黛玉内心的微妙变化，每一处细节都值得细细品味。房屋的描述，又可进一步细分为各府邸的布局、功能等，让学生在解构中领悟阅读的乐趣与技巧，提升阅读鉴赏能力。

阅读，不仅是任务的完成，更是心灵的滋养与智慧的启迪。学生唯有通过深入阅读，真正理解并吸收材料中的知识、哲理、故事与精髓，方能称之为阅读的成功。反之，若只是浅尝辄止、浮光掠影，则无异于浪费时间与资源。因此，每一位阅读者都应致力于清晰把握材料之意，深刻领悟其所述，让每一次阅读都成为一次心灵的旅行与成长的见证。

3.漫步《再别康桥》的诗意画卷

（1）全诗轻吟

轻轻的我走了，正如我轻轻的来；我轻轻的招手，作别西天的云彩。那河畔的金柳，是夕阳中的新娘；波光里的艳影，在我的心头荡漾。软泥上的青荇，油油的在水底招摇；在康河的柔波里，我甘心做一条水草！那榆荫下的一潭，不是清泉，是天上虹；揉碎在浮藻间，沉淀着彩虹似的梦。寻梦？撑一支长篙，向青草更青处漫溯；满载一船星辉，在星辉斑斓里放歌。但我不能放歌，悄悄是别离的笙箫；夏虫也为我沉默，沉默是今晚的康桥！悄悄的我走了，正如我悄悄的来；我挥一挥衣袖，不带走一片云彩。

（2）诗韵深探与艺术技巧

此篇新月派佳作，以离别康桥的情感脉络为经，织就一幅幅对过往的眷恋与对未来的憧憬交织的画卷。七节四行，每行节奏错落有致，既自由不羁又严谨有序，音韵和谐，恰似诗人内心情感的波澜起伏。徐志摩先生以其独特的艺术手法，将美感与深意融于字里行间，展现了新体诗的无限魅力。

（3）问诗于心，解其真谛

初读《再别康桥》，不妨先从题目入手："康桥"何许桥？"再别"又寓何意？这些疑问引领我们深入探索。康桥，实则为英国剑桥大学之桥，因校而名，亦因诗而永恒。它不仅是地理上的坐标，更是徐志摩心中永恒的象征。"再别"，或许是一别再别，抑或是对过往无数次别离的凝缩，而此诗，正是这无数次情感累积的爆发。

了解背景，方解其味。康桥不仅是求学之地，更是徐志摩情感与理想的寄托。他在此寻梦，亦在此告别，每一次的离别都伴随着对祖国的深情、对未来的期许以及对自由、爱与美的不懈追求。诗中的云彩、金柳、青荇、彩虹等，皆非单纯之景，而是诗人内心世界的镜像，细腻而富有情感。

细读之下，学生将发现"寻梦"二字乃全诗之眼，引领着上下求索的旅程。具象如长篙、星辉、笙箫等，皆被赋予了人的情感与动作，展现了诗人对未来的憧憬与对现实的沉思。重复与对照，如"放歌"与"沉默"，"深处"与"星辉"，增强了诗句的表现力，使情感更加深沉而丰富。

最终，学生在这一场诗意的旅行中，将学会如何捕捉生活中的美，如何用文字表达内心的情感，更将领悟到那份对自由、爱与美的永恒追求，以及面对离别时的洒脱与释然。

（4）学生诗句的创意演绎

在深刻理解《再别康桥》的精髓之后，学生们可以施展才华，于不变的首尾四句间，灵活重组其余诗句，既保持思路的清晰流畅，又赋予诗作新的生命。他们更可大胆尝试，以游鱼轻摆、涟漪微漾、清风徐来、鸟鸣清越、枝条轻拂等新颖具象，替代原诗中的经典意象，依据徐志摩先生的情感轨迹与表达风格，细腻描绘，创造出属于自己的诗意世界。通过与原诗的对比分析，学生们不仅能领略到诗人排字布局的匠心独运，也能见证自身学习过程中的卓越成长。这一过程，不仅是《再别康桥》的深度解读，更是学生自我提升与写作练习的双重收获，为他们将阅读技巧迁移至其他诗歌、文学作品乃至整个文学领域奠定了坚实的基础。

阅读指导者，以无尽的耐心与智慧，引领学生遨游书海，开展丰富多彩的阅读探索。他们从细微的词汇入手，逐步引导学生深入理解句子含义、剖析文章结构、解答深层问题、掌握写作技巧，使学生们的阅读之旅从最初的懵懂无知，逐渐转变为游刃有余、条理清晰的"庖丁解牛"。在这个过程中，学生们不仅学会了欣赏文学的韵味、领悟哲学的逻辑、掌握科学的严谨，还培养了百科知识的综合素养，更重要的是，他们学会了在阅读中汲取灵感，勇于自我创作与创新，真正把握了阅读的精髓与价值，推动了个人阅读能力的持续进步与深化发展。

因此，我们必须高度重视并大力发展阅读教育，将科学理论与人文力量巧妙融合于教学实践之中，让每一位阅读者都能在时代的洪流中，成为自信满满、勇往直前的冲浪者，最终实现阅读教育所承载的深远意义与辉煌成就。

第十三章　阅读教育细谈（二）

古往今来，杰出人物无一不是阅读的狂热追求者，阅读教育作为孕育英才的摇篮，其重要性早已在历史的长河中得到了无可辩驳的验证。通过阅读这扇窗，我们得以窥见人类文明的璀璨光芒，激励新一代学子在继承中创新，孕育出属于他们时代的思想瑰宝。

一、跨越类型的阅读之旅

（一）文学殿堂的漫游

1. 小说的魅力探索

小说，这一文学领域的瑰宝，其魅力在于它能悄无声息地俘获读者的心，而非单纯依赖理性的评判与建议。它如同一座精心构建的梦幻城堡，邀请学生步入其中，体验百态人生，激发无限想象。在小说的世界里，学生不仅经历着角色的悲欢离合，更在情节的起伏中汲取着生活的智慧与哲理。

小说的骨架，即其精妙的结构布局，是引导学生深入理解作品的钥匙。顺叙、倒叙、插叙等手法，如同时间的魔术师，引领读者穿梭于故事的每一个角落。通过略读，学生可以迅速把握小说的整体脉络，从开篇的伏笔到高潮的迭起，再到结局的余韵，每一个细节都显得那么引人入胜。

而小说的"肌肉"，则是那些细腻入微的描写——事件的跌宕、角色

155

的鲜活、言语的机智、心理的微妙、情感的真挚以及行动的果敢，共同编织出一个既真实又超脱的虚拟世界。学生在这个世界里自由翱翔，既沉浸其中，又保持着理性的审视，享受着阅读带来的震撼与感动。

以《西游记》为例，这部脍炙人口的古典名著，以其独特的魅力跨越时空界限，吸引了无数读者的目光。学生们随着孙悟空的足迹，踏上一场充满奇幻与冒险的旅程。在这个过程中，他们见证了孙悟空的英勇与智慧，体验了花果山的热闹与神奇，感受了取经路上的艰辛与不易。每一次翻阅，都是一次心灵的触动，每一次思考，都是对人生哲理的深刻领悟。

在阅读小说的旅途中，学生应依据个人的阅读能力和当下可支配的时间，灵活调整步伐，但无论时间长短，都应全然沉浸其中，仿佛故事的每一幕都亲自上演。以鲁迅先生的《故乡》为例，那轮皎洁的明月下，闰土守护的瓜田仿佛触手可及；成年后闰土的困顿，与"老爷""少爷"称谓间的隔阂，乃至对"路"的独到见解，如同颗颗珍珠串联起鲁迅与闰土从童年至成年的情感轨迹，深刻传达了鲁迅对纯真友谊的怀念及对社会底层民众的深切同情。在《故乡》的字里行间，学生时而化身为温室中的迅哥儿少爷，时而成为历经风霜的鲁迅老爷，时而与少年闰土共嬉，时而目睹中年闰土的沧桑，更不失为一位清醒的旁观者，角色更迭间，心灵得以触动，仿佛亲历了那个时代的风云变幻。

喜剧的故事，如同温暖的阳光，驱散学生心中的阴霾，为善有善报的美好结局喝彩，激励他们在面对人生坎坷时保持信念，相信正义终将战胜邪恶。而悲剧的落幕，则如利刃般刺痛心灵，促使学生在哀痛中深刻反思，正如《故乡》中关于"路"的哲思，引导学生理性审视世界，勇于探索未知，播种希望，追求自由与博爱，在灵魂深处寻觅一片安宁之地。阅读小说，即是学生自我成长的历程，他们在此间品味人生百味，勇于开拓前人未至之路，书写属于自己的传奇篇章。

学生们在集体阅读时，更是畅所欲言，分享彼此的感受与见解。他们或惊叹于作者的想象力，或感动于角色的深情厚谊，或沉醉于故事的精彩纷呈。更有甚者，尝试着模仿《西游记》的笔法，创作属于自己的"小小游记"，在创作中深化对小说的理解，提升写作技巧，实现阅读与创作的完美融合。

总之，小说的阅读不仅是一场心灵的旅行，更是一次智慧的启迪。它让学生在享受阅读乐趣的同时，学会了如何观察生活、思考人生、表达情感。而这一切，都将成为他们未来人生道路上宝贵的财富。

2. 诗的韵味之旅

《诗经》，这部跨越千年的文学瑰宝，不仅是学生必修的经典，更是无数人心中的不朽篇章。它跨越年龄与身份的界限，以其独特的魅力，吸引着每一个渴望文化滋养的灵魂。《诗经》之美，在于其古老而常新的生命力，言简意深，韵味悠长；在于其朗朗上口的韵律，质朴而不失高雅；更在于其深远的意境，跨越时空的界限，触及人心最柔软的部分。

对于初涉诗海的学子，背诵《诗经》中的名篇佳句，是积累文化底蕴的必经之路；而对于更为成熟的读者，则可在阅读指导者的引领下，深入剖析其古字古音、历史背景与艺术手法，如比喻、隐喻、起兴等，领略其艺术魅力。从"呦呦鹿鸣，食野之苹"的生机盎然，到"投我以木瓜，报之以琼琚"的深厚情谊；从"窈窕淑女，君子好逑"的缠绵悱恻，到"所谓伊人，在水一方"的朦胧美感，《诗经》以其丰富的情感表达和深刻的社会洞察，展现了古人对世界的独特理解和追求。

《诗经》虽有其时代的局限性，但其不朽的价值在于为后世提供了无限的创作灵感。学生可在其基础上，勇于创新，创作出具有时代特色的新诗篇，让诗歌之树更加枝繁叶茂，百花齐放。或许，未来的诗歌大家正孕育于今日对《诗经》的深入阅读与创作中，他们将成为新时代的代言人，用诗歌的语言记录历史，传递情感，启迪智慧。

3. 戏剧的沉浸式探索

戏剧，作为文学殿堂中一颗璀璨的明珠，其阅读体验与小说虽同根同源，却别有一番风味。小说引领我们在静默中遨游想象之境，而戏剧则以其错综复杂的矛盾冲突，编织出一幅幅波澜壮阔的情感画卷，让读者在跌宕起伏中体验心灵的震撼。有学子偏爱轻声诵读，于字里行间捕捉情感的细微波动；亦有学子热衷于观赏舞台上的生动演绎，让戏剧的灵魂跃然眼前。

提及戏剧的经典之作，不得不提曹禺先生的《雷雨》。这部作品深刻描绘了周朴园家族的风云变幻，情感纠葛与道德挑战交织成一张错综复杂的网。周朴园与侍萍的旧情复燃，大儿子与继母间禁忌的情感纠葛，两兄弟与四凤间错综复杂的爱情悲剧，以及周朴园与鲁大海之间政治与经济的激烈对抗，共同编织了一幅人性与命运的悲壮图景。在一个雷电交加的夜晚，所有的矛盾与冲突如火山般喷发，周朴园苦心经营的家庭秩序在瞬间崩溃瓦解，恶因结出了恶果，引人深思。

观赏戏剧表演，无疑是领略其魅力的最佳途径之一。舞台上，演员们以精湛的演技将角色鲜活呈现，让每一个矛盾、每一次冲突都直击心灵，使剧本焕发出勃勃生机。此外，学生若能分组分角色阅读，亦能深入体会戏剧的精髓，通过角色扮演加深对人物性格与情节发展的理解。在此基础上，客观评价戏剧作品，不仅是对阅读效果的检验，更是思维与鉴赏能力的提升。

更进一步，学生可尝试模仿大师的笔触，创作属于自己的迷你剧本。这不仅是对阅读成果的一种巩固，更是创造力与想象力的集中展现。在创作的过程中，学生将更深刻地理解戏剧的结构与语言魅力，探索出属于自己的文学风格，成就阅读之旅中又一璀璨的里程碑。

（二）哲学之旅：跨越时空的深邃对话

1. 东西方哲学的交响

哲学，这盏照亮人类思想天空的明灯，无论是东方的温婉含蓄还是西方的理性光芒，都共同指向了对生命与宇宙本质的不懈探求。东方哲学，以儒家的仁爱、道家的逍遥、墨家的兼爱非攻等为基石，构筑起一座座思想的殿堂，其中儒家哲学尤为璀璨夺目，而道家与佛家亦各有千秋，共同滋养着华夏儿女的精神世界。西方哲学，则从苏格拉底的问答法启程，历经柏拉图的理念世界、亚里士多德的形而上学，直至近现代叔本华的悲观主义、罗素的逻辑分析，展现出一条逻辑严密、追求真理的探索之路。两者虽地域迥异，却殊途同归，共同引领着人类智慧的航船。

2. 哲学问题的思辨海洋

西方哲学史，如同一部跨越时空的思辨史诗，从美与丑的哲学追问，到正义与邪恶的伦理抉择，再到个人幸福与人生目的的深刻反思，每一个问题都如同海中的珍珠，闪耀着智慧的光芒。学生在哲学的海洋中遨游，不仅是在寻找答案，更是在学会如何提问、如何思考。他们将在共识与分歧中，在理论与实践间，构建起自己对于世界的独特理解。同时，他们也将学会将哲学问题置于更广阔的学科背景下审视，如社会学、政治学等，从而培养跨学科的视野与综合素养。

3. 现代哲学与古典哲学的对话

从古典的普世智慧到现代的学术殿堂，哲学作品经历了从通俗到专业的蜕变。古典哲学以其平易近人的姿态，向世人传递着对生命、宇宙、道德的深刻理解；而现代哲学则更加注重逻辑严密、体系完整，往往让非专业人士望而却步。然而，无论时代如何变迁，哲学探讨的核心——人生观、世界观以及对未来的憧憬与忧虑——始终如一。学生应勇于跨越时代的鸿沟，以开放的心态去拥抱古今中外的哲学思想，从中汲取智慧，滋养心灵。

4. 哲学作品的智慧宝库

哲学作品，是历代哲人智慧的结晶，它们以不同的形式呈现，或如《论语》般言简意赅，或如《道德经》般深邃玄妙，或如《对话录》般思辨激烈。每一部作品都是一座宝藏，等待着学生去发掘、去领悟。在阅读过程中，学生需要细心品味作者的每一个字句，深入挖掘其背后的思想内涵。同时，他们还应学会利用辅助阅读材料，如《理想国》《社会契约论》等，来拓宽视野，深化理解。通过这些努力，学生将逐渐构建起自己的哲学体系，形成独立思考与判断的能力。

总之，哲学作品的阅读是一场心灵的旅行，它让学生在思辨中成长，在智慧中启迪。在这个过程中，学生将学会如何以哲学的眼光审视世界，以理性的态度面对人生。让我们携手踏上这场充满挑战与收获的哲学之旅吧！

（三）探索自然奥秘：自然科学类材料的阅读之旅

在知识的海洋中，自然科学是学生不可或缺的航行方向。无论是物理的深邃、生物的奇妙，还是化学的斑斓，都引领着学生踏上一场场探索未知的旅程。除了课堂上的教材研读，课外自然科学类材料的广泛涉猎，更是学生成长的必经之路。

自然科学类材料的阅读，与文学作品的沉浸式体验大相径庭，它遵循着严谨的逻辑与科学的法则。归纳法与演绎法，如同自然科学领域的左右手，前者从万千实例中提炼出普遍真理，后者则依托已知理论，推演出新知的疆域。这一过程，不仅是对知识的积累，更是对思维的锤炼。

自然科学类阅读材料，依读者群体不同，可细分为专业深邃的科学家读物与通俗易懂的科普佳作。无论是出于兴趣的探索，还是解决问题的迫切需求，唯有当读者怀抱求知之心，勇于挑战未知，这份阅读才显得意义非凡。即便路途偶有坎坷，那份全神贯注、深入思考的状态，正是自然科学阅读的真谛所在。

在阅读过程中，学生须筑牢词汇与知识基础。以数学为例，从点线面的基础概念，到函数、弦、内接外切等复杂定理，每一步都须循序渐进，方能领悟几何之美。而《墨经》中的小孔成像实验，则以游戏般的趣味，让学生在实践中感受科学的魅力，激发探索欲。

物理世界的阅读，更是对基础与积累的考验。从生活的常识到高深的理论，每一步跨越都需坚实的基石。莫比乌斯环的奇幻、薛定谔的猫的神秘、相对论的深邃，这些物理奇观，既是对智力的挑战，也是思维的盛宴。通过阅读，学生得以穿梭于现实与理论之间，拓宽视野，启迪智慧。

生物科学的阅读，则是一场微观世界的探险。RNA 配对的奥秘，需要学生深入剖析，把握部分与整体的关系，理清科学论述的逻辑脉络。而环保类材料的阅读，则提醒我们关注身边的世界，意识到环保行动的重要性，从点滴做起，共筑绿色家园。

爱因斯坦的相对论，作为自然科学的巅峰之作，其深邃与复杂不言而喻。对于物理学家而言，它是事业的灯塔；而对于普通学生，它则是拓宽视野、激发想象的宝贵资源。通过阅读，我们得以窥见理论物理的浩瀚星空，感受科学之美，启迪创新思维。

总之，自然科学类材料的阅读，是一场既充满挑战又极具魅力的旅程。它要求学生具备扎实的基础、严谨的态度和不懈的探索精神。在这条路上，学生将不断突破自我，领略自然的奥秘，成就更加辉煌的学术人生。

（四）深入社会科学的阅读之旅

当学生们踏上社会科学类材料的阅读之旅时，有几个关键要点须铭记于心。首先，社会科学，这一融合了社会学与科学精髓的学科领域，广泛涵盖了社会学、政治经济学、人类学、教育学、法律学、社会行政学、社会统计学、人口学等诸多核心及分支学科，它们共同构建了我们理解社会现象的钥匙。

其次，社会科学作品的广阔天地，既有严谨的非小说类著作，也不乏引人入胜的小说类叙事。非小说类作品中，时事新闻如同社会的晴雨表，满载着贫穷、政府、公平、正义、教育、幸福、生态等社会科学术语与深刻思考，它们往往依托专业学者的智慧，直面社会痛点，提出解决之道。而社会科学小说，则以与文学作品相似的叙述手法，触动学生作为社会一员的共鸣，使道德、语言、行为、地位、集体、文化等概念在故事中鲜活起来，激发学生对社会问题的独到见解与深刻反思。

阅读社会科学作品，犹如攀登一座座知识的高峰。基础之作，清晰明了，易于把握；而复杂之作，则如同迷宫，融合了哲学、科学、文学等多重元素，虚构与科学交织，体例繁复，挑战着学生的分析能力与理解能力。尤为值得一提的是，社会科学材料的阅读往往不若文学作品那般引人入胜，它要求学生具备耐心与毅力，通过多本材料的综合阅读，方能抽丝剥茧，觅得问题之真谛。

历史学，作为社会科学中的一朵奇葩，其叙事与解释虽遵循科学精神，但在构建系统知识时却展现出独特的非科学性。历史类阅读材料，多以小说的形式讲述过往，如《春秋》之编年体，孔子之修订，皆为学生提供了按时间脉络理解历史的钥匙。而《史记》《后汉书》等以时间、人物为经纬的史书，更是要求学生以批判性思维审视历史，比较不同史料，以求接近真相。

在历史的长河中，自传体作品如同璀璨星辰，诸葛亮的《隆中对》与《后出师表》，不仅是历史的见证，更是人格魅力的展现。学生阅读此类作品，不仅是学习写作技巧与了解历史事件，更在于感受先贤的智慧与情怀，启迪自我，明确志向，为人生旅途增添无限动力。

最终，阅读社会科学类材料，不仅是一场知识的盛宴，更是一次心灵的洗礼。学生们可以在此过程中，学会思考、学会批判、学会感悟，将所学所得内化为自身成长的养分，助力他们在未来的道路上，更加坚定地迈向光明与希望。

（五）探索百科全书：智慧之旅的导航

在浩瀚的知识海洋中遨游时，百科全书，这一知识的宝库，其角色与字典等工具书相仿，却更需要我们以灵动之心去驾驭，而非仅仅沦为机械的记忆容器。学生应避免陷入盲目依赖的误区，成为被动接受信息的"书布袋"，而应成为主动探索、勇于创新的知识探险家。

在踏入百科全书的世界之前，对阅读材料的深入理解和把握是基础。学生须细心体会材料的内在逻辑与结构，捕捉其中的联系与脉络，带着对未知的好奇与对创新的渴望，提出那些能够启迪思维、深化理解的问题。此时，百科全书便成为了那把开启智慧之门的钥匙，但它绝非终点，而是引领我们深入探索的灯塔。

值得注意的是，百科全书以其严谨的编纂，收录了过去无数事实与观点，它们按字母顺序井然排列，等待着求知者的翻阅。然而，掌握查询技巧的同时，更须保持独立思考的能力，不让百科全书成为束缚思维的枷锁。一本上乘的百科全书，无疑是通往历史长廊的桥梁，但它仅仅是辅助我们探索的工具，而非知识的全部。

百科全书的魅力，在于它能以精练的语言、丰富的信息，给予读者以启迪。然而，受限于其体例，这种启迪往往显得较为直接而有限，难以触及更深层次的思考与想象。它如实地记录着过往，却少了那份对未来的憧憬与描绘。因此，在享受百科全书带来的知识盛宴时，我们亦应意识到其局限性，寻求与其他阅读形式的互补，以丰富我们的认知维度。

总之，百科全书是求知路上不可或缺的伙伴，它以其独特的方式，引领我们跨越时空的界限，触摸历史的脉络，感受智慧的火花。但真正的智慧之旅，还需要我们怀揣好奇之心，勇于质疑，敢于创新，在百科全书的指引下，不断前行，探索未知，最终达到知识与心灵的双重升华。

二、学生阅读中注意几点

（一）浓缩的摘要

在快节奏的学习生活中，学生常须借助浓缩的文章摘要来高效捕捉知识要点。这种阅读方式诚然有其便捷之处，能够迅速提炼出文章的主旨与核心信息，为学生的理解铺就捷径。然而，正如宝石切割虽显璀璨却难免遗失原石的自然韵味，摘要在精简的同时，也不免牺牲了原文中那些细腻的情感表达、独特的语言魅力及深邃的思想洞察。这些被"压缩"的部分，实则是构建文章血肉之躯的不可或缺元素，它们在语义构建中扮演着微妙而重要的角色。

因此，当学生时间充裕或面对至关重要的材料时，深入阅读原文，探寻那些被省略的文字背后的故事与韵味，便显得尤为重要。这不仅能让学生领略到作者笔下独特的文学风采，更能深刻体会其中蕴含的人生哲理、信息宝藏及写作技巧。如此，方能如同品味一桌精心烹制的大餐，每一口都饱含营养，滋养着学生的心田与智慧。此外，尝试自己动手浓缩文章，亦是锻炼阅读理解与概括能力的绝佳途径。

（二）使用工具书

在阅读的旅途中，工具书如同指南针，引领我们穿越知识的迷雾。无论是传统的字典还是现代的搜索引擎，它们都是帮助学生消除阅读障碍、深化理解的重要工具。然而，须谨记的是，工具书虽好，却非万能钥匙。它们能解答字词之惑，却无法替代学生亲自探索知识、追寻真理的过程。

字典，作为辅助阅读的经典工具，其价值在于助力而非替代。学生应学会在理解文章整体框架与意图的基础上，灵活运用字典，而非机械地逐字查询。如此，方能真正让字典成为阅读的助力，而非阅读的阻碍。同时，在使用工具书时，保持一颗探索与质疑的心，不满足于表面的解答，勇于提出新问题，进行更深入的思考与创新，方能在阅读的海洋中乘风破浪，收获属于自己的新知与洞见。

（三）古文阅读

古文，犹如一幅幅跨越时空的画卷，静静地诉说着往昔的政治风云、经济脉络与文化精髓。其字里行间，不仅承载着历史的厚重，更蕴含着与现代社会迥异的字、词、句之美。虽不乏字形、读音、意义上的相似痕迹，但更多的是那份独特的韵味与今时今日的截然不同。《诗经》中"桃之夭夭"，描绘的是桃花盛开之绚烂，与现今"逃之夭夭"的诙谐逃避之意，恰似并蒂而开的两朵花，虽名相似，实则意趣天壤之别。

古文中，字的命运亦如人生百态，有的字在历史长河中消逝无踪，有的则被新字替代，有的字形未改而读音已变，更有读音依旧而意义大相径庭者。加之古代语法与现代大相径庭，动词、名词、代词等词类在句中的位置与今截然不同，使得古文阅读成为一场需要细心观察、耐心推敲、热心探索、恒心坚持与决心攻坚的智慧之旅。学生唯有如此，方能拨开迷雾，领略古文之精妙。

更值得一提的是，古文之魅力，在于其语境的千变万化。同一语句，置于不同篇章，便生出万千意趣。因此，古文阅读，尤需良师指引或网络助手的精准解析，方能准确把握字词句之精髓。

然而，古文阅读之真谛，远不止于此。它更是一场与古人跨越时空的对话，是思维的碰撞与灵感的激发。当学生能够独立思考，提出见解，甚至与古人论道时，古文阅读的大门才真正为其敞开，引领其步入智慧的殿堂。

（四）时事新闻的锐眼洞察

时事新闻，作为时代的脉搏，吸引着无数学生的目光。然而，阅读时事新闻，亦须练就一双锐眼，以辨真伪，析深意。

真实性，乃新闻之生命。学生应多方求证，对比不同媒体之报道，以辨其真伪。面对差异显著的报道，更应保持警惕，以免落入虚假信息的陷阱。

冷静分析，亦新闻阅读之要义。学生须具备敏锐的洞察力，从细微之处发现破绽，揭开新闻背后的真相。

此外，了解新闻报道的受众与立场，也是学生不可或缺的能力。不同受众，不同立场，新闻报道之意义亦随之而变。学生须明确自身立场，以免被误导，误入歧途。

最后，学习时事新闻的写作技巧，参与实践应用，也是学生提升自我之途。通过模仿与创新，学生不仅能加深对新闻的理解，更能提升自身的写作能力。

（五）实用性材料的智慧启迪

实用性阅读材料，如历史、物理、数学、生物、哲学等，不仅是知识的宝库，更是思维的磨刀石。学生若能将其融入思想，应用于生活实践，便是成功的阅读。

实用性材料的价值，在于其能否为学生带来实际的收益与启迪。那些能够指导实践、启发思考的材料，才是真正有价值的。反之，则无异于空中楼阁，难以引起学生的兴趣与追求。

因此，在阅读实用性材料时，学生须深入了解其背景、史实、作者经历与人格特点等，以便更好地把握其精髓与用意。如马克思的《资本论》，便是无产阶级革命的理论武器，其背后蕴含着作者深邃的思想与坚定的信念。学生若能领会其精神实质，必将受益匪浅。

（六）系列阅读的智慧之旅

在阅读的浩瀚宇宙中，学生们常常踏上系列性阅读的征途。有时，是阅读导师如同灯塔般，在书海茫茫中为学生精选出与阅读目标相契合的系列材料；而有时，则是学生们亲自掌舵，探索未知，尝试自主搜集阅读材料。这要求学生们不仅要具备挑选阅读材料的能力，更要学会高效筛选，以确保每一分钟都花在刀刃上。

面对琳琅满目的书籍与资料，学生们须练就一双慧眼。有的材料标题清晰，一目了然；而有的则含蓄深邃，须通过翻阅目录、前言、结语乃至反复出现的主题词来细细揣摩。在捕捉主题词的过程中，关键在于精准定位与阅读任务相关的关键词汇，而非盲目追求材料的中心思想。学生们如同侦探一般，从阅读任务中抽丝剥茧，提取出如"现当代文学""著名作家""文风流派""历史背景"等线索，再将这些线索与潜在的阅读材料进行细致比对与筛选，从而精准锁定那些能够解答疑惑、深化理解的宝贵资源。

（七）阅读态度的艺术

在阅读这场心灵之旅中，学生的态度如同指南针，引领着他们穿越知识的海洋，探寻智慧的宝藏。

首先，摒弃偏见，以开放的心态拥抱每一位作者的声音。不应因个人喜好而戴上"有色眼镜"，将某位先贤的言论奉为圭臬，亦不应因对某一流派的不解而全盘否定。正如孔子所言："三人行，必有我师焉。"每一位作者都有其独特的视角与见解，值得我们以平等的态度去倾听与学习。

其次，培养客观中立的阅读视角，是阅读道路上的重要一课。在诠释或总结阅读材料时，学生们应如同镜子般忠实反映原文，不添油加醋，不曲解原意。只有这样，才能真正触及材料的灵魂，发现其中的真理与真相。

166

在阅读指导者的引导下，学生们不仅能领略到阅读材料中蕴含的丰富知识，如政治、经济、科学、社会、道德伦理、艺术等领域的进步与发展，更能通过这一过程锻炼自己的阅读能力，培养起浓厚的阅读兴趣和良好的阅读习惯。这些宝贵的财富，将伴随他们一生，成为他们不断前行的动力与支撑。

（八）学生阅读的蜕变之旅

学生应当深谙"他山之石，可以攻玉"之道，学会运用那些精练而有力的辅助阅读材料，它们如同钥匙，能解开专业术语的枷锁，引领我们深入文本的内核，洞悉内容之间的微妙联系与深层意义。在阅读的世界里，学生与书籍之间构建起一座桥梁，彼此对话、学习、理解、互助，共同踏上成长的征途。当学生在阅读导师的精心引导下，掌握了这些技能与途径，他们的阅读之旅便如同添翼之虎，能够精准、迅速、深刻地完成每一次阅读挑战，展现出令人瞩目的创造力与洞察力。

阅读，不仅是知识的积累，更是智慧的滋养。正如《道德经》所展现的深邃，每一次翻阅都是心灵的一次洗礼，每一次重读都能开启新的领悟之门。这样的书籍，如同稀世珍宝，让人常读常新，永不厌倦。然而，大部分阅读材料更像是青春路上的伙伴，随着学业的深入，我们不断与之相遇又告别，但每一段相伴的时光，都留下了不可磨灭的印记。

真正的阅读，不应止于文字的接受，而应是一场思想的碰撞与交流的盛宴。学生应当勇于提出自己的见解与评论，即使面对权威之作，也应保持独立思考的勇气。记住，世无完物，每个人都有发声的权利。当然，评论须建立在深入理解的基础之上，方能避免盲目与偏颇。当学生对作者的观点持不同意见时，应以理性和尊重为基石，用恰当的言辞进行探讨，而非争强好胜，只为求胜。

在辩论之前，学生应充分准备，确保自己的论据坚实有力，而非仅凭个人感觉或偏见。正如哥白尼推翻地心说、达尔文以化石证据支持生物演化论，每一次科学的进步都源自对既有知识的审慎考察与勇敢质疑。学生在阅读中，亦应对材料中的观点进行详尽分析，确保自己的评论既全面又深刻，能够真正启发思考，推动阅读向更深层次迈进。

此外，阅读过程中的引导与辅助同样重要。学校、家庭、社会等多方力量共同构成了学生的阅读支持系统，他们通过丰富的经验和专业知识，为学生的阅读之路保驾护航。而学生自身的经历与体验，也是阅读不可或缺的辅助力量。例如通过亲身参与劳动，学生在阅读陶行知关于劳动的文章时，能够更加深刻地理解其内涵与意义，甚至能用自己的语言生动讲述劳动的故事，使阅读体验更加丰富多彩。

理解阅读教育的理论、掌握分类阅读的技巧，不仅能帮助阅读指导者和学生理清思路、把握规律，更能激发他们的创造力与想象力，在阅读的田野上不断耕耘、收获，创造出更多富有个性与价值的作品，让阅读的果实更加甜美、更加丰硕。

第十四章　阅读教育的价值及意义

在浩瀚的知识海洋中，每一份有意义的存在都承载着独特的价值，而阅读教育的价值与意义，恰似那璀璨星辰，引领着求知者穿越迷雾，探寻智慧的彼岸。当读者沉浸于字里行间，细细品味此书此章，心中自然会绽放出各异的感悟之花，而这些感悟，无一不闪耀着价值的光芒。

一、阅读教育的价值探索

（一）阅读：灵魂的深度对话

谈及阅读，其动机与目的纷繁复杂，犹如人生旅途中的多样风景。在学校这片沃土上，阅读究竟是追逐名利的阶梯，还是满足好奇与兴趣的乐园？是应对考试的权宜之计，还是自我提升与心灵成长的阶梯？抑或是对知识的无尽探索，与对手较量的创新舞台？这些问题，如同迷雾中的灯塔，虽难以一语道破，却引领我们深入思考的海洋。

人生于世，无时无刻不在与周遭世界交织共鸣。从"长亭古道"的依依惜别，到"天涯地角"的离愁别绪，诗词歌赋以其独特的魅力，捕捉并传达了人类情感的细腻与深邃。这些文字，不仅是历史的见证，更是心灵的慰藉，让我们在共鸣中感悟人生的酸甜苦辣。

德国教育家赫尔巴特曾言，教育旨在双轨并行：一是为未来职业铺路的可能目的，二是塑造高尚品德的道德或伦理目的。这深刻揭示了教育的本质——它不仅关乎技能的传授，更在于人性的雕琢与灵魂的滋养。教育，是引领人类向崇高、伟大、幸福、和谐迈进的灯塔，它让每一个生命都能与文明的瑰宝对话，成就更加完美的自我，铺就通往幸福人生的康庄大道。

"教育是一项崇高的事业"，此言非虚。它崇高在于对每一个幼小生命的珍视与呵护，对生命质量的不懈追求，以及对纯真心灵的深切理解与尊重。在阅读教育的滋养下，阅读者的世界变得宽广而深邃，心灵得以净化与升华。他们学会了勤劳、勇敢与智慧，以更加坚韧不拔的姿态面对生活的风雨，同时也为社会带来了和谐、发展与进步的力量。

阅读，不仅是知识的积累，更是灵魂的深度对话。它让阅读者在字里行间发现自我，理解世界，从而在人生的旅途中，更加从容不迫，游刃有余。正如那句名言所言，阅读教育的价值，在于它赋予了我们一双发现美的眼睛，一颗感受爱的心灵，以及一条通往智慧与幸福的光明大道。

（二）校园阅读教育的深邃思索

在校园这片充满希望的沃土上，阅读指导者匠心独运，策划了"书香满园"的阅读盛宴，这场盛宴不仅面向莘莘学子，亦诚邀辛勤耕耘的教师们共襄盛举。活动秉持因材施教之理念，精心为不同专业背景、性格特质及学业层次的学生量身打造阅读方案，同时，亦不忘根据教师的性别、年龄、专业造诣及教育风格进行细致分类，确保每位参与者都能在书海中寻得属于自己的灯塔。

随着阅读活动的深入，一幅幅动人的画面悄然展开：学生们沉浸在阅读的乐趣中，乐而忘返；教师们则以开放的心态接纳阅读，从中汲取养分，教学相长。在这片充满书香的校园里，师生共同铸就了阅读的好习惯，让终身学习、自主阅读成为生活的常态。他们不断追寻着心中的理想，勇于超越自我，实现了一次次的心灵蜕变与自我重塑。校园阅读教育，正以其独特的魅力，促进着教师队伍的与时俱进，提升着学生的综合素养，引领着校园教育在改革与创新的道路上阔步前行。

（三）阅读与素质教育的璀璨交响

有识之士曾言，素质之基，始于阅读。回望历史长河，犹太民族以其卓越的成就诠释了阅读的力量——尽管人口不多，却在诺贝尔奖得主、世界富豪榜及科技创新领域占据显著地位。犹太家庭以砂糖之甜，寓阅读之乐，巧妙地激发了孩子们对书籍的无限向往，从而造就了举世瞩目的阅读文化。相比之下，中国人均阅读量尚显不足，这提醒我们更应重视阅读，让书香成为社会的底色。

阅读，是跨越精神高峰的桥梁，是新一代人精神传承与创新的必由之路。在素质教育的广阔舞台上，阅读扮演着举足轻重的角色。以"学习强国"APP为例，它创新性地融合了多种学习形式，通过签到、阅读、答题、竞赛等多种方式，激发了全民学习的热情。这一平台不仅内容丰富、形式多样，更以其独特的激励机制，鼓励学习者持之以恒地积累知识，提升自我。它不仅是一个学习工具，更是一个精神家园，让人们在知识的海洋中遨游，感受思想的碰撞与交融。

正如苏霍姆林斯基所言，一个真正的人，其灵魂深处应藏有一座由书籍构筑的精神宝库。经典之作如鲁迅的犀利、矛盾的深刻、张爱玲的细腻、周立波的时代感、莫言的幽默深邃，以及《巴黎圣母院》对美丑的探讨、莎士比亚作品的博大精深、《老人与海》中的不屈斗志……这些作品如同璀璨星辰，照亮了阅读者的心灵之路。它们不仅让我们领略了大师的风采，更在思想的海洋中为我们指明了方向，赋予了我们强烈的社会责任感与使命感。

书籍，作为人类智慧的结晶与文明的传承者，其重要性不言而喻。在这个日新月异的时代，阅读应当成为我们生活的一部分，成为我们学习的重要途径。让我们携手并进，在阅读的道路上不断探索、不断前行，共同为中华民族的伟大复兴贡献自己的力量。

（四）阅读教育的实践之美

1. 阅读的魅力

（1）阅读指导者的光辉引领

在阅读的征途上，学生或许会遇到荆棘与挑战，但优秀的阅读指导者如同夜空中最亮的星，他们以智慧为舵，以爱心为帆，引领学生乘风破浪，享受思考的乐趣与成长的喜悦。阅读，不仅是文字的堆砌，更是思想的火花碰撞，它激发学生的创造力，点亮智育的灯塔。学生，这群带着光芒与瑕疵并存的探索者，内心深处往往蕴藏着对知识的渴望与自我超越的火焰。阅读指导者，便是那守护并点燃这火焰的人，他们以情感为纽带，以行动为标杆，让学生在心灵的天空中绘出绚丽的彩虹，引领他们跨越知识的海洋，收获成长的果实。在这过程中，阅读指导者不仅是航行的指引者，更是魅力的化身，他们的言传身教，让学生在潜移默化中学会判断与选择，感受到被尊重与喜爱，从而更加积极地投入到阅读的世界中，共同编织阅读的美丽篇章。

（2）阅读过程的奇妙探险

阅读，是一场充满魅力的探险，它超越了单纯的兴趣追求，引领我们深入知识的腹地，探寻未知的奥秘。在阅读指导者的精心策划下，学生们面对难题不退缩，勇于挑战，寻找解决问题的钥匙，每一次成功都伴随着喜悦的欢呼。即便是那些看似单调乏味的阅读任务，如探索古文中字词的奥秘，也能在阅读指导者的巧妙设计下变得生动有趣。通过多样化的活动形式，如阅读竞赛、角色扮演、小组讨论、视频辅助等，学生们学会了在挑战中寻找乐趣，将"要我阅读"转变为"我要阅读"的主动态度。以《爱迪生自传》为例，学生们在阅读中不仅感受到了发明的乐趣，更激发了对物理学科乃至更广泛知识领域的浓厚兴趣，实现了知识的迁移与拓展。这一切的背后，是阅读指导者深厚的专业素养与不懈的努力，他们用热爱与奉献，为学生搭建起一座通往知识殿堂的桥梁，让阅读成为一场心灵的盛宴，让好习惯在快乐中悄然生根。

2. 阅读的至高境界

在阅读这片浩瀚的海洋中，阅读指导者如同灯塔，虽非全知全能，却能敏锐地捕捉到知识散发的无尽魅力，引领每一位阅读者驶向他们心之所向、力之所及的智慧彼岸。他们自身，必须是真理与知识的虔诚追求者，怀揣着高尚的信仰，或至少以完成自我阅读与教育的责任为基石。在阅读之旅中，指导者与阅读者之间构建起无缝连接的桥梁，以长远的目光和前瞻性的认知，为阅读者在信息爆炸的时代铺设一条通往终身学习、多元发展及未来职业成功的坚实道路，赋予他们立足社会、拥抱生活的强大能力。

阅读的至高境界，是生命之树常青的体现，是与社会脉搏同频共振的和谐乐章，是推动社会正向进步的理想图景。在法律阅读的课堂上，这一境界得以生动展现：阅读指导者精心准备了一系列阅读材料，从守法楷模的光辉事迹到违法行为的沉痛教训，娓娓道来。随后，通过分组讨论，激发阅读者的主动思考与表达，指导者则以耐心倾听者的姿态，静待思想的火花四溅。阅读者记录下个人见解，并在图书馆、网络等资源中寻觅佐证，小组内的深入交流进一步锤炼了他们的自主阅读能力。在此基础上，指导者引导阅读者明辨是非，树立正确的法律观念，通过知识竞答、辩论等形式，将法律知识内化于心，外化于行。最终，阅读活动跨越书本，融入生活，阅读者在实践中学习运用法律知识，保护自我，捍卫正义，实现了阅读价值的最大化。

阅读的力量，亦可与体育精神交相辉映。在学校举办越野长跑活动之际，阅读指导者巧妙地将阅读融入这一挑战自我、磨砺意志的体育盛宴中。他们与校方携手，策划了一场别开生面的阅读＋体育的融合之旅。阅读者被鼓励探索越野长跑的奥秘，从书籍、网络到社区，搜集信息，集体研读。在阅读指导者的引领下，阅读者不仅学习了专业知识，更在情绪调节、思维拓展上获得了提升。小组讨论中，运动员们结合新知，分享见解，以更加饱满的热情和更深的理解投入到长跑之中。这场阅读与体育的交响，不仅强健了体魄，更铸就了坚韧不拔的意志和高尚的品德，让阅读之光在生活的每一个角落熠熠生辉。

3. 阅读教育的兴趣

阅读，是心灵的盛宴，是精神的远征，它跨越时空的界限，展现着层次分明的魅力。在历史的长河中，无数璀璨的教育家如同星辰般照耀，他们的智慧之光虽偶有微瑕，却足以启迪后世，提升教师的专业素养，培育学生多元发展的能力。与这些教育巨匠在书页间对话，探寻教育的真谛，亦是一种经典阅读的享受。教育家们深邃的思想、敏锐的洞察力以及对人类未来的深切关怀，无不深深触动每一位阅读者的心弦。

在众多教育理念中，苏联教育家苏霍姆林斯基对"兴趣"的强调尤为鲜明。他坚信，学习兴趣是学习的最佳动力，它能让学习生活充满欢愉，让真理的探索震撼心灵，让人类智慧的璀璨令人自豪且好奇。因此，阅读教育亦应循此路径，从学生兴趣出发，营造快乐而积极的氛围，让学习过程成为一次充满正能量的心灵之旅。当学生对所学内容产生浓厚兴趣时，他们的注意力将更为集中，理解也将更加深刻。

以中学阶段学习徐志摩的《再别康桥》为例，这首诗以唯美的笔触，勾勒出一幅幅异国他乡的离别画卷，情感细腻，意境深远。尽管中学生或许未曾亲身体验异国求学的经历，但那份离家的惆怅与对未来的憧憬，却是共通的人性体验，足以引发共鸣。阅读指导者在此刻，便化身为引路人，不仅讲述诗作的时代背景与作者的人生轨迹，更鼓励学生自主探究，通过小组讨论等形式，深入挖掘诗歌的文学价值与意义。

在朗读与背诵的环节中，学生们被引领至诗歌的精髓之处，如"撑一支长篙，向青草更青处漫溯；满载一船星辉，在星辉斑斓里放歌"，这些优美的语句不仅让学生感受到语言的魅力，更在心灵深处种下了对美好未来的向往。随后，通过阅读指导者的点拨与引导，学生们进一步理解了徐志摩在旧中国动荡年代中，出国求学的艰辛与追求真理、自由的决心，诗歌的教育意义由此得到了升华。

最为精彩的是，学生们以小组为单位，用自己的语言描绘出"再别康桥"的心绪与愿景，这份创作不仅锻炼了他们的文字表达能力，更让阅读活动充满了互动与乐趣。在阅读指导者的鼓励与评述下，学生们在轻松愉快的氛围中，不仅加深了对诗歌的理解，更激发了他们对新体诗创作的兴趣。

最终，阅读指导者留下的作业，不仅是对学生写作能力的一次锻炼，更是对他们情感与思想的一次升华。而那些对诗歌充满热情的学生，更是在课后积极创作，将阅读活动的成果进一步巩固与拓展。他们或阅读徐志摩同时代诗人的作品，或跨越时空，探索不同时代诗歌的魅力，在比较与鉴赏中，深化了对诗歌内涵与意义的理解。

如此，一场以兴趣为引的阅读课之旅圆满落幕。它不仅仅是一次知识的传授，更是一次心灵的触碰，一次情感的共鸣。在这趟旅程中，学生们不仅收获了知识，更学会了思考、表达与创造，让阅读学习变得生动有趣，充满人文关怀，为他们的诗歌鉴赏、历史理解及政治素养的提升奠定了坚实的基础。

4. 营造书香满园的阅读氛围

在校园的每一个角落，我们精心布置着蕴含深意的阅读标语与广告，它们如同盏盏明灯，照亮知识的殿堂："书籍，乃人类进步的阶梯，引领我们攀登智慧的高峰"；"阅读，让心灵遨游于无垠的知识海洋，自由呼吸，汲取智慧之源"；"读书破万卷，笔下生花，文思泉涌，尽显风华"；"悦读，是心灵成长的翅膀，让青春在知识的天空中翱翔，生命因此而绚烂多彩"。这些标语，如同春风化雨，润物无声，营造出一种浓郁而温馨的阅读氛围。

我们诚邀各界精英，从艺术家到科学家，从商界领袖到体育明星，乃至勤勉的公务人员，他们带着各自独特的阅读故事与人生智慧，步入校园，与学生们面对面交流，用亲身经历点燃阅读的热情，引领孩子们健康成长。同时，文学大家、读书达人、书籍编辑及论文作者等也纷纷加入，通过线上线下互动，解答疑惑，拓宽视野，让阅读的种子在孩子们心中生根发芽。

每逢佳节或节气，阅读活动更是应时应景，如惊蛰之际，我们推荐自然与生命的科普读物，让学生在探索自然奥秘的同时，培养爱国情怀，感受节气的文化底蕴与人文温情，激发他们对知识的无限向往与追求。阅读指导者如同园丁，细心呵护每一颗幼苗，通过演讲、讨论、角色扮演等多种形式，展现学生的风采，共同编织出一幅绚丽多彩的校园文化图景。

5."悦"读的魅力与价值

"悦"读，是一种心灵的盛宴，是阅读者沉浸在愉悦与满足中的阅读体验。它摒弃了形式主义的假读、漫无目的的乱读、虚度光阴的错读，以及有害身心的毒读，倡导的是一种追求真理、饱含积极情感的深度阅读。在"悦"读的殿堂里，阅读指导者与阅读者平等相待，彼此间洋溢着愉悦的交流与反馈，共同构建了一个和谐、开放、包容的阅读环境。

在这里，阅读者的身心得到了前所未有的自由与释放，他们在轻松愉快的氛围中，与文字共舞，与思想对话。阅读指导者则如同引路人，因材施教，灵活运用各种阅读策略，激发学生的阅读兴趣，培养他们的阅读技能。学生们在"悦"读中，不仅汲取了知识的甘露，更在动手、动口、动脑的过程中，体验到了阅读的乐趣与成就感。

"悦"读，让阅读成了一种享受，一种习惯，一种力量。它帮助学生形成了终身阅读的理念，使他们能够在快速变化的社会中，以更加从容的姿态应对未来的挑战与机遇。在"悦读"中快乐，在快乐中"悦读"，这不仅是一种学习方式的转变，更是一种生活态度的升华，让学生在书香的浸润下，成就更加丰盈、精彩的人生。

6.阅读之旅中的人际织锦

在阅读的广阔天地里，人际关系如同细密的织锦，不可或缺且影响深远。随着时代的疾速前行，阅读者的全面发展不仅限于知识的积累，更在于人际交往的和谐与成长。无论是校园内的青春洋溢，家庭中的温馨相依，还是社会舞台上的初露锋芒，人际关系都是阅读者成长路上不可或缺的一课。我们不难发现，即便学业优异者，也可能在人际的海洋中遭遇风浪；而中等或面临挑战的阅读者，更须学会在人际交往中找寻自己的位置。因此，重塑并优化人际关系，应成为阅读活动探讨的重要篇章。

人，作为自然与社会的双重存在，天生就有着交流、理解与共生的渴望。良好的人际关系，如同温暖的阳光，能照亮阅读者的内心世界，提升其自我价值感与幸福感，为阅读之旅增添无限动力。

面对阅读活动中偶尔的偏离轨道，阅读指导者应展现出非凡的智慧与温情。当学生因无心之失或顽皮天性而扰乱了阅读的宁静时，责备与怒火非但无益，反而可能在学生心中留下难以愈合的伤痕，激发其逆反心理。此时，理解与宽容如同春风化雨，能够温柔地引导学生认识到自己的错误，并主动寻求改正之道。阅读指导者应深入探究学生行为背后的原因，或是对群体的渴望融入，或是天性使然，从而采取针对性的指导策略，既维护了阅读环境的和谐，又促进了学生的自我反思与成长。当然，必要的批评也是不可或缺的，但应当以建设性的方式呈现，旨在帮助学生明确错误并找到改进的方向，而非简单的指责与羞辱。

在阅读活动中，阅读指导者如同一位巧手的织工，引领阅读者编织出一张张和谐的人际关系网。通过组织阅读小组活动，传授宽容与尊重的价值观，让学生学会以宽广的胸怀接纳他人，理性面对不公与误解，同时尊重他人的情感、观点与隐私，从而在相互尊重中建立起深厚的友谊。此外，通过模拟社交场景，如春游、秋收等集体活动，让学生在实践中学习集体相处的艺术，体验不同社会角色的转换，感受良好人际关系带来的愉悦与满足。

最终，阅读之旅不仅是一场知识的盛宴，更是一次心灵的交流。在阅读与人际交往的交织中，阅读者将学会以更加开放和包容的心态面对世界，收获真挚的情感与深厚的友谊，为人生旅途增添无限光彩。

7. 教师：阅读的灯塔与同行者

提及那些充满魅力的阅读指导者，或许有人会觉得他们遥不可及，实则不然。优秀的阅读引路人，就潜藏于我们日常的教育活动之中，他们经由实践的磨砺，逐步绽放出耀眼的光芒。一个满怀爱心的阅读导师，能以朋友之姿陪伴学生成长；一个专业素养深厚的导师，能迅速解答学生阅读途中的疑惑；一个博览群书的导师，能激发学生的求知欲与探索欲；而深谙教育心理学的导师，则能细腻洞察学生的内心世界，与之共鸣。正如苏霍姆林斯基所言："书籍，乃教师之师。"

在教育的征途上，教师亦须阅读以滋养心灵，不断充电、更新知识，方能紧跟时代步伐，肩负起培育英才的重任。一堂生动的《变色龙》课，平庸者或许仅满足于照本宣科，让课堂陷入沉闷；而卓越者则会在课前深耕细作，探索作品的历史背景、政治寓意、作者生平及创作心路，课堂上以引人入胜的讲述，让学生沉浸其中，不仅轻松掌握要点难点，更激发了课后深入探究的热情。学生们或拓展阅读相关作品，或尝试仿写，以笔触书写自己的感悟，实现了知识的内化与外显。优秀的教师，总是与学生并肩阅读，于字里行间共赏风景，携手驶向知识的浩瀚海洋。

教师的阅读之旅，应是多维而丰富的。教育科学、专业知识、科技新知与人文底蕴，皆是不可或缺的养分。每位教师可依据自身需求，精选阅读材料，深研细品，而非浅尝辄止。经典阅读，尤为滋养心灵，它让教师在慢读中品味，于实践中内化，既拓宽了视野，又深化了理解。速读则如走马观花，概览大局；读写结合，则让阅读成果倍增，成就感满满。

教育科学阅读，是教师应对复杂教育环境的指南针，帮助教师明辨方向，优化策略，实现教育的最优化。专业课阅读，则让教师精准把握学科精髓，丰富教学内容，使课堂更加生动有趣。而科技与人文的涉猎，则让教师视野开阔，心态平和，以更加积极的态度面对教育挑战，促进个人与集体的和谐共进。

教师的阅读，是一场需要时间与支持的远行。在正确的道路上，以科学的方法持续积累，教师方能探寻真理，传递智慧，照亮学生的心灵。他们以身作则，成为阅读的典范，激励学生自发地踏入阅读的殿堂。阅读，对教师而言，不仅是职业的需要，更是灵魂的滋养，它让教师在宁静中自我更新，在进步中影响他人，乃至贡献社会。

当教师成为阅读的灯塔，学生自会紧随其后，他们的精神世界因阅读而宽广，因阅读而丰盈。在美术课的国画教学中，教师以自然为教材，引领学生在秋日的田野间阅读自然之美，这样的行走式阅读，不仅让学生学会了色彩与技法，更激发了他们对生活的热爱与艺术的创造力。如此课堂，不仅是知识的传递，更是心灵的触碰，其效果之佳，令人赞叹。这样的教学模式，无疑值得每一位教师深思与借鉴。

8. 家庭与社区的阅读盛宴

在家庭的温馨怀抱中，经典阅读如同细水长流，滋养着每一个阅读者的心田，提升其心灵的柔韧度与智慧的广度。将阅读融入日常生活的每一个角落，让书香成为家的独特气息，家人间因共读而心灵相通，情感交融。亲子阅读，不仅是校园学习的温馨延续，更是家庭情感的纽带，它消弭了代沟，营造了勤奋好学的家庭氛围，让经典的力量渗透至每个人的心间，拓宽了人生的视野与深度。这样的阅读，让家庭成员间充满了感恩与温暖，激励着孩子们以实际行动回馈亲情，让爱在日常的点滴中流淌。

社区，则是阅读之舟驶向更广阔海洋的起点。在这里，学生们跨出了校园的小天地，与更多的阅读爱好者相遇，共同探索知识的海洋。在阅读指导者的引领下，他们踊跃参与，兴趣盎然，将阅读与实践紧密结合，让生活因阅读而多彩，梦想因阅读而触手可及。社区阅读，不仅拓宽了学生的知识面，更锻炼了他们的社交能力，为终身学习奠定了坚实的基础。

9. 阅读的多元舞台：其他阅读活动

图书馆，作为知识的殿堂，其公共活动如集体演讲，为阅读者搭建了锻炼口才、展现自我的平台。即使不具备天生的演讲才能，通过阅读相关书籍，并在实践中不断磨砺，每个人都能成为自信的表达者。演讲，不仅是声音的艺术，更是思想的碰撞与情感的交流，它让阅读者学会深入思考，用语言的力量触动人心，促进社会文化的繁荣与发展。

10. 阅读的推广：让书香满人间

鉴于许多人对阅读价值的认识不足，我们须大力推广阅读活动。在世界读书日等特殊日子里，学校、家庭、社区携手合作，通过丰富的阅读形式，如朗读比赛、小组阅读、在线互动等，激发人们的阅读兴趣，确保阅读成为生活的一部分。同时，鼓励反思与总结，将阅读体验转化为精神财富，应用于学习、工作与生活之中，实现个人与社会的共同成长。

11. 阅读活动的智慧指引

在阅读活动中，我们应明确目标，注重知识的积累与能力的培养。同时，不可忽视情感与价值观的培养，引导阅读者形成积极向上、求真务实的人生态度，以及和谐融洽的人际关系。此外，还应培养阅读者关注自然、尊重生态的环保意识，让阅读成为连接人与自然、过去与未来的桥梁。

在策划阅读活动时，还须注意形式的多样性与创新性，如邀请成功人士分享经验、举办文艺会演等，让阅读以更加生动、有趣的方式走进每个人的生活。通过这些活动，我们不仅传递了知识与文化，更激发了人们对生活的热爱与追求，共同构建一个更加美好、充满书香的社会。

二、阅读教育的意义

（一）阅读教育的理论意义

苏霍姆林斯基曾深情地阐述："我坚信，书籍的力量无穷无尽，这构成了我教育信仰的核心要义之一。"在浩瀚的书海与珍贵的资料库中，阅读如同一座桥梁，引领我们跨越现实的樊篱，步入一个充满美好与理想的世界。当心灵的天空布满阴霾，笼罩着彷徨、犹豫、忧郁乃至愤怒与绝望的阴影时，对症而读，恰似一缕阳光穿透云层，让速度感驱散沉闷，快乐与幸福在心间绽放，平和与舒坦如清泉般流淌，最终点亮了心灵的明灯，照亮了前行的道路，温柔地治愈了内心的创伤。

沉浸在《诗经》的韵律之中，读者仿佛置身于一个由珠玉般璀璨词句构建的世界，每一行诗句都如同良师益友，低语着古老中华文明的深邃与智慧。在这里，不仅能深刻体会到中华文化的精髓，还能从古人的情感流露中寻得共鸣，心灵得以滋养，思想境界随之豁然开朗。那些文采飞扬的语言，如同魔法般赋予读者以崭新的力量，促使他们在阅读与思考的旅途中不断成长，实现自我超越。

（二）阅读教育有意义的事例

在阅读的浩瀚星空中，每一部作品都是一颗璀璨的星辰，引领着阅读者穿越知识的海洋，探索心灵的深度与广度。《史记》以其波澜壮阔的历史画卷，让阅读者在历史的洪流中捕捉到真理的闪光，汲取智慧的甘露，对世事形成清晰而深刻的见解，从而以从容不迫、自信满满的姿态，稳健地行走在人生的征途上。

《梦溪笔谈》则如同一座宝藏库，汇聚了知识与技术的精华，引领阅读者从狭小的天地跃升至世界的广阔舞台，视野因此而无限延伸。《红楼梦》这部不朽巨著，以其纷繁复杂的人物命运、曲折离奇的故事情节、深邃隽永的主题思想，以及如梦似幻的语言艺术，成为文学爱好者反复咀嚼、深思的源泉，滋养着阅读者的文学素养，启迪着立身处世的智慧，激发着开拓进取的精神。

鲁迅的笔触犀利而深刻，他的文章如同一面镜子，映照出人性的弱点与无知，促使阅读者进行自我反思，卸下心灵的负担，以更加轻盈的步伐继续前行。而冰心的文字，则如同温暖的阳光，洒落在小读者的心田，让他们在长者的关怀中找寻自我，发现潜能，与同龄人建立深厚的友谊，如同夜空中最亮的星，闪烁着独特的光芒。

矛盾的作品则常常引发阅读者的深思与辩论，通过对人物性格、命运以及时代背景的剖析，让读者在对比与反思中不断成长，逐步改变不良习惯，以更好地融入社会、贡献社会。凡尔纳的科幻世界，则让阅读者得以窥见未来的轮廓，感受到人类文明的生生不息，从而激发起对未来的无限憧憬与追求。

《巴黎圣母院》等外国经典，则引领阅读者跨越国界，领略异国风情、历史场景、文化精髓与人类智慧，拓宽了他们的国际视野。而爱因斯坦的相对论，更是将阅读者带入了一个深奥而奇妙的科学世界，让他们领略到大师智慧的魅力，激发了对科学探索的热情。

这些阅读经历，共同构建了一个五彩斑斓的理想国，展现了人类心灵的广袤海洋与辽阔天空。在阅读的光芒照耀下，阅读者不断追寻、不断成长，树立起坚定的信仰，以更加坚定的步伐迈向未来。

曾有一位身患小儿麻痹症的阅读者，他以不屈不挠的精神，在阅读的道路上奋力前行。尽管身体不便，但他从未放弃对知识的渴望与对生活的热爱。在阅读指导者的悉心关怀与引导下，他逐渐变得开朗、自信，与同学们建立了深厚的友谊，最终成为社会中不可或缺的一员。他的故事告诉我们：阅读的力量是无穷的，它能够让每一个阅读者，无论身处何种境遇，都能找到属于自己的光芒，照亮前行的道路。因此，让我们珍惜每一次阅读的机会，让阅读成为我们生命中不可或缺的一部分，共同书写更加精彩灿烂的人生篇章。

（三）开展阅读教育的注意几点

1. 阅读指导者的非凡作用

在阅读的浩瀚征途中，一位经验丰富的阅读指导者犹如一位智慧的领航员，其影响力深远且不可小觑。他们如同嘹亮的号角，唤醒阅读者内心深处的思考与自省；又如明亮的灯塔，在茫茫书海中为迷航者指引方向，预见前方的挑战与暗礁，确保每一位阅读者都能稳健地驶向知识的彼岸。

以近现代文学研究为例，这一领域犹如一座宝藏，深藏着无数等待挖掘的思想瑰宝。阅读者若想揭开其神秘面纱，探寻其内在真谛，势必要翻阅大量的文献资料，广泛涉猎相关作家及其作品，并对其进行细致的分类与剖析。然而，这项任务对于单打独斗或思路不清晰的阅读者来说，无疑是一场耗时耗力的马拉松。幸运的是，有了阅读指导者的加入，一切便截然不同。

阅读指导者凭借其深厚的学术功底与丰富的经验积累，能够迅速把握阅读者的需求与方向，精准地提供所需的阅读材料清单。他们不仅会列出必要的书籍与文章，还会详细标注不同版本的差异、译者的特色以及稀有版本的珍贵之处，甚至告知读者在哪些图书馆或网站上能够获取到这些宝贵的资源。这样的指导如同为阅读者铺设了一条直达目标的快车道，让他们能够避开无谓的弯路，减少不必要的麻烦与错误，高效地收集到全面、真实、客观且有效的研究材料。

拥有了这些珍贵的材料，阅读者便能沉浸在知识的海洋中，尽情遨游。他们可以按照时间脉络进行纵向对比阅读，感受文学发展的脉络与趋势；也可以依据作者的不同风格进行横向分析阅读，领略不同思想家的独特魅力。在这个过程中，阅读者不仅能够领略到正史的权威与严谨，还能从野史的生动与补充中获得新的启示与反思；他们既能吸收前辈学者的真知灼见，又能借鉴古今中外评论家的深刻见解。这样的阅读体验无疑是一次心灵的洗礼与智慧的升华。

最终，在阅读指导者的悉心指导与阅读团队成员的共同努力下，阅读者能够顺利且高质量地完成自己的学术作品。他们不仅能够达到高等学府所要求的学术水准，还能够勇于提出新颖的思路、结论与问题，为近现代文学的研究注入新的活力与视角。他们的作品不仅重塑了近现代文学的光辉形象，也展现了文学对社会发展的巨大推动作用。而这正是阅读教育所追求的最终目标——培养具有独立思考能力、创新精神与社会责任感的时代新人。

2. 早期阅读的深远影响

在阅读的广阔舞台上，阅读指导者犹如一位细心的园丁，尤其应当关注学生早期阅读的萌芽与成长，特别是在他们青春发育的黄金时期。这一时期，阅读不仅是知识的积累，更是心灵的滋养与成长的催化剂，它与个体的成长轨迹紧密相连，共同编织着人生的多彩篇章。

阅读指导者须深谙此道，明白每个发展阶段的孩子都拥有其独特的阅读需求与兴趣偏好。对于尚处于启蒙阶段的幼儿而言，线上动画视频以其生动有趣的画面和故事情节，成了他们探索世界、激发想象力的最佳伙伴，让他们在欢声笑语中感受阅读的魅力。

随着年岁的增长，少男少女们对世界的好奇心越发强烈，他们渴望通过更丰富的媒介来拓宽视野。此时，故事片、科学片及伦理片等影视作品以其独特的叙事手法和深刻的主题思想，成了他们不可或缺的精神食粮，引领着他们走进一个又一个奇妙的世界，感受人性的光辉与社会的复杂。

而当学生们步入大学，步入人生的新阶段，他们对成人世界的探索欲望达到了前所未有的高度。在这个阶段，一些国际获奖的经典影评成了他们深入了解电影艺术、探讨人生哲理的重要桥梁。这些影评不仅能帮助他们提升审美能力，更能激发他们对社会、对人生的深刻思考。

因此，阅读指导者应当成为学生阅读旅程中的引路人和伙伴，引导他们学会选择好书、品味好书，教会他们如何在阅读中汲取智慧、享受乐趣、获得成就。通过早期阅读的滋养与熏陶，学生们将逐渐成长为拥有宽广视野、深厚底蕴和独立思考能力的新时代青年，勇敢地迈向更加开阔的未来。

3. 大学阅读：深度探索与自我超越的旅程

在大学这片知识的沃土上，阅读不仅是获取信息的途径，更是塑造自我、探索未知的深刻旅程。这一阶段，学生已步入成年，拥有了更加成熟的学习与阅读能力，他们的阅读之旅，旨在探寻生命的意义、追求更高层次的发展，以及为未来的社会角色奠定坚实的基础。

大学，作为青春的成人礼，赋予了学生前所未有的自主与独立。在这里，学生们不仅要解决生存的基本问题，更要向更高远的目标迈进——从温饱到小康，从富有到卓越，每一步都伴随着对自我潜能的挖掘与对理想生活的向往。他们开始深入思考人生的真谛，探索在新时代背景下，人与社会、自然、宇宙之间的和谐共生之道，以及如何在复杂多变的社会中承担起应有的责任。

面对就业的挑战，大学生阅读者须清醒地认识到，提升自我条件与能力的重要性。在网络与信息爆炸的时代，职业形态日新月异，唯有具备扎实的专业素养、广泛的知识储备以及良好的综合素质，方能在激烈的竞争中脱颖而出。自主阅读能力的培养，使他们能够灵活应对职业需求的变化，为未来的职业生涯铺就坚实的道路。

大学教育，作为高等教育的核心，承载着传承与发展人类文明的崇高使命。大学生阅读者在此阶段的主要任务，不仅是系统地学习知识，更要在学术研究中勇于创新，将所学转化为推动社会进步的力量。面对学术界的浮躁之风，大学生应坚守内心的纯净与理想，以清醒的头脑、冷静的态度反思自我，守护人类精神的高地，让文明的血脉得以生生不息。

在阅读指导者的陪伴下，大学阅读者的探索之路更加顺畅。尽管他们已具备自主寻找阅读材料的能力，但阅读指导者的经验与智慧，如同灯塔般照亮前行的道路。他们熟悉各类文献的存放位置、借阅频率及其价值所在，能够迅速为阅读者提供精准的指引。更重要的是，阅读指导者能够引导阅读者深入思考、拓宽视野，帮助他们在浩瀚的知识海洋中寻找到属于自己的珍珠与贝壳。

因此，大学阅读指导者的角色虽看似轻松，实则责任重大。他们不仅是知识的传递者，更是思想的启迪者、灵魂的引路人。通过与阅读者的深入交流与反馈，他们共同构建起一个纯净而丰富的知识家园，让每一位阅读者都能在这片沃土上茁壮成长，最终成为富有社会责任感、具备创新精神的时代栋梁。

4. 深耕乡村阅读，点亮希望之光

在广袤的中国乡村，阅读指导者以敏锐的洞察力，深刻意识到乡村阅读教育的重要性。尽管乡村在改革的春风中迎来了政治、经济、文化的多重进步，但某些角落仍被守旧、落后与愚昧的阴霾所笼罩。孩子们的未来，尤其是女孩的教育之路，时常遭遇偏见与忽视，仿佛一条被预设的轨迹：学习优异则继续前行，否则便回归乡土或外出务工，而对于女孩，读书升学的梦想往往被轻易扼杀。

乡村的困境，不仅在于物质的匮乏，更在于精神的贫瘠。因此，我们必须大声疾呼，让教育的光芒照亮每一个角落，让村民们深刻理解：教育是知识的钥匙，是眼界的窗棂，更是塑造未来人才的熔炉。优秀的乡村人才，是推动乡村全面振兴的不竭动力，他们将引领乡村走向政治清明、经济繁荣、文化丰富的康庄大道。而阅读，则是这场变革中最温柔也最坚韧的力量，它无声地滋养着孩子们的心田，教会他们自信、自立、自主，以适应这个日新月异的时代，共同绘制家乡与国家的美好蓝图。

对于乡村女性而言，阅读不仅是个人成长的阶梯，更是乡村发展的催化剂。通过阅读，她们能够挣脱束缚，提升自我，成为新时代下既美丽又富有魅力的女性。她们不仅是家庭的支柱，更是社会的中坚力量，能够顶起半边天，为乡村注入新的活力与希望。而她们所孕育的新一代，将在母爱的滋养下茁壮成长，从母亲身上汲取生活的智慧与对世界的独特见解，为人生之路奠定坚实的基础。

乡村教育，是一片亟待开垦的沃土，乡村阅读则是这片土地上最耀眼的花朵。回望过去，无数乡村学子以坚韧不拔之志，穿越重重困难，用知识改变命运，成为国家建设的栋梁之材。他们中的许多人，无论身在何方，都不忘初心，将阅读的习惯与对知识的渴望传递给更多人。他们以实际行动证明，教育能够彻底改变一个人的命运，赋予他们追求梦想、实现价值的勇气与能力。

因此，重视乡村教育，推动乡村阅读，不仅是国家的长远之计，更是乡村发展的根本之策。让我们携手并进，为乡村的孩子们点亮一盏阅读的明灯，让知识的光芒照亮他们前行的道路，共同书写乡村振兴的壮丽篇章。

5. 开放大学：阅读教育的无限疆域

（1）阅读教育体系的新篇章

回溯往昔，广播电视大学（电大）作为教育的先行者，其阅读教育体系初具雏形，主要服务于一群怀揣梦想的脱产青年学子。那时的阅读，如同其他高等学府一般，旨在深化课堂所学，拓宽知识边界，其目标与方法皆显露出与传统大学相媲美的风采。然而，随着时光的流转，电大悄然蜕变，步入了一个过渡性的新阶段——脱产与不脱产学习并存的黄金时期。这一变革，尤为显著地体现在成人学习者的涌入上，他们跨越了年龄的界限，从青春洋溢的青年到沉稳睿智的中老年，只要心怀热情，身体康健，社会有需要，这方知识的殿堂便永远为他们敞开大门。

步入信息时代，电大华丽转身，更名为"国家开放大学"，标志着其教育理念的全面升级与办学视野的无限拓展。响应国家教育政策的号召，国家开放大学不仅坚守着成人继续教育的阵地，更勇于开拓，创新办学形式。它不再局限于单一的文凭教育，而是将触角延伸至社区，邀请社会各界的精英——政治领袖、文化巨匠、经济先锋、军事精英等，共同编织成一张庞大的教育网络，为渴望成长的公民提供短期而高效的培训。尤为值得一提的是，针对乡村发展的迫切需求，国家开放大学还特别设立了乡村大学生培养计划，源源不断地为乡村输送着智慧与希望的光芒。此外，与社会各界企业的深度合作，以及对老年群体的关怀，如老年大学的设立，都彰显了其教育体系的包容性与前瞻性，让终身学习的理念深入人心，让知识的光芒温暖每一个角落。

在国家开放大学的阅读教育体系内,一个独特而温馨的阅读世界正悄然绽放。这里,没有年龄的界限,没有性别的偏见,没有文化背景的隔阂,每一位阅读者都被赋予了同等的尊重与机会。他们带着各自的故事、梦想与追求,汇聚在这片开放的海洋,共同探索人类思想的深邃与广阔。在这里,阅读不再是一项孤独的任务,而是一场充满互动与反馈的盛宴,每一次翻页都伴随着心灵的共鸣,每一次思考都激发着智慧的火花。最终,他们在这片无垠的知识海洋中,找到了属于自己的航向,享受着阅读带来的无尽快乐与成长。

(2)学校阅读的革新纪元

随着学校面貌与形式的日新月异,教育之舟正扬帆驶向更广阔的海洋,而学校阅读领域亦迎来了前所未有的变革,为阅读指导者赋予了新的使命与挑战,同时也开辟了解决之道的新径。在这个信息爆炸的时代,学习工具与平台如雨后春笋般涌现,阅读指导者须紧跟时代浪潮,不断自我提升,以广博的知识和敏锐的洞察力,引领阅读风尚。

传统阅读的边界被在线学习的浪潮所冲击,阅读材料跨越了书籍的局限,手机、电脑等数字媒介成为新的知识载体,阅读空间也延伸至家庭、学校乃至社会的每一个角落。这一变化要求阅读指导者不仅要精通传统阅读之道,更要掌握数字阅读的新技能,助力学生跨越信息鸿沟,成为适应未来社会的复合型人才。

面对多样化的阅读群体,阅读指导者须深入了解每位阅读者的特性与需求,如同定制专属的阅读地图,为他们规划出科学合理的阅读路径。毕业论文作为学习旅程中的一座重要里程碑,对专科学生而言尤为棘手。此时,阅读指导者不仅是知识的导航者,更是心灵的灯塔,他们须凭借丰富的经验与敏锐的洞察力,为学生拨开迷雾,指明方向。在浩瀚的网络资源中,引导学生学会筛选与甄别,同时也不忘纸质书籍的厚重与深度,让学生在两者的交融中汲取智慧的养分。

尤为重要的是,阅读指导者还须扮演起学术导师的角色,不仅在资料搜集上给予技术支持，更在论文构思与文献运用上提供宝贵建议。这要求他们不仅具备深厚的专业知识，还须拥有前瞻性的视野与科研实践能力，以高屋建瓴的姿态，引领学生攀登学术高峰。

在开放大学的舞台上，阅读指导者如同教师的影子，虽不直接授课，却以无形的力量影响着每一位学生的阅读旅程。他们虽为辅助角色，但其重要性不言而喻，是学校教育中不可或缺的一环。因此，阅读指导者应怀揣自信与热情，不断追求卓越，紧跟时代与学校的步伐，以稳健的步伐、创新的思维、求知的渴望，为学生的成长之路铺设坚实的基石。

（3）大学生阅读的深邃与辽阔

步入大学殿堂的青年，已是自立自强、自信自主的成人，他们手握人生的画笔，正勾勒着属于自己的蓝图——关于自我塑造的愿景，对社会的责任与贡献的构想，皆在胸中激荡。在这一段充满探索与成长的旅程中，阅读成了他们最坚实的伙伴与最绚烂的风景。

有识之士深刻洞察，为大学阅读者绘制了双重目标的蓝图：近期目标与终极愿景，如同航船的双桨，共同驱动着阅读者破浪前行。近期目标，根植于现实土壤，它鼓励阅读者脚踏实地，珍惜眼前每一份资源，无论是精通一门课程、研读几本经典、还是参与社会实践、挑战英语考级，这些看似细微的成就，实则是通往成功之路上不可或缺的基石。阅读者以满腔的热情与不懈的努力，让每一个小目标都闪耀着光芒，成为人生旅途中璀璨的星辰。

而终极愿景，则是那遥远而璀璨的灯塔，它虽遥不可及，却以其不灭的光芒，照亮了阅读者内心深处的渴望与追求。成为时代巨擘、改革先锋、经济浪潮中的弄潮儿、科技领域的探索者、文学殿堂的筑梦师、政治舞台上的和平使者……这些宏伟的理想，虽不一定能够完全实现，却如同磁石一般，吸引着阅读者不断前行，激励着他们在知识的海洋中遨游，在思想的天空里翱翔。

尤为值得一提的是，开放大学在推动乡村大学生教育方面的卓越贡献，成了其特色与亮点之一。乡村的振兴，离不开知识与人才的支撑。开放大学深知此理，不仅在校内为乡村大学生提供优质的教育资源，更将知识的种子播撒到田间地头，通过下乡阅读指导、材料输送等方式，为乡村青年搭建起通往梦想的桥梁。特别是"一村成就一个大学生"的教育阅读计划，更是以实际行动诠释了知识改变命运、阅读照亮未来的深刻内涵，为乡村的繁荣与发展注入了不竭的动力。

在这片阅读的沃土上，大学生们以书为友，以梦为马，不断追寻着自我价值的实现与对社会的贡献。他们的每一步前行，都闪耀着智慧与汗水的光芒，共同绘制出一幅幅壮丽的人生画卷。

（4）开放大学与企业、事业等单位合作的阅读

在开放大学那片广袤无垠的学习天地间，"人人可学、时时可学、处处可学"的核心理念如同璀璨星辰，引领着它与众多企业、事业单位携手共绘教育合作的新篇章。这是一场基于相互选择与共赢发展的深度合作，开放大学以其独特的教育资源——包括广阔的学习空间与资深的教师队伍，与企业、事业单位紧密对接，而后者则慷慨贡献出宝贵的学员资源、专业讲解员、实战实习场地及经验丰富的导师，共同编织了一张覆盖理论与实践、知识与技能的全面学习网络。

在这场知识的盛宴中，阅读指导者作为桥梁与灯塔，承担着不可或缺的角色。他们精心策划，为学员、讲解员及实习老师们量身打造了一系列丰富多彩、针对性强的阅读材料，从建筑名家的经典案例到中外建筑史的深邃脉络，从建筑图纸的精细解析到建筑工地与商界的鲜活实践，再到建筑文化与艺术的璀璨瑰宝，每一份材料都旨在拓宽视野、启迪思维、助力成长。

学习不再局限于传统的课堂之内，而是跨越了时空的界限，实现了线上与线下的无缝对接。阅读者可以随时随地，根据自己的节奏与兴趣，灵活选择学习方式，让知识的汲取成为一场自由而深邃的旅行。而阅读过程中的交流、反馈、反思、辩论与讨论，更是如同一股股清泉，滋养着每一位学习者的心田，不仅加深了彼此之间的情谊，更在思想的碰撞中锤炼了智慧与能力。

尤为值得一提的是，阅读指导者还将阅读的触角延伸至学员的实习现场，将理论与实践紧密相连。他们亲临一线，根据实际需求提供即时、精准的阅读材料，让阅读活动成为实践探索的得力助手，使得学习过程更加生动具体、富有成效。这种理论与实践同步并进的教学模式，不仅赋予了阅读以生命力，更让每一位学习者在知识的海洋中航行时，能够手握实践的罗盘，稳健前行。

如此，开放大学与企业、事业单位的合作阅读，不仅是一场知识的传递与技能的提升之旅，更是一次心灵的启迪与梦想的启航。在这里，每一位学习者都能找到属于自己的舞台，用阅读点亮智慧之光，以实践铸就辉煌未来。

（5）开放大学对阅读指导者的要求

在开放大学的广阔舞台上，阅读指导者被赋予了多重角色与使命，他们是连接知识海洋与求知心灵的桥梁，既擅长引领学历教育者的深度阅读之旅，亦能细心呵护各类特色学习群体的求知渴望。以"非遗"剪纸社区教育课堂为例，阅读指导者化身为文化的传播者，精心搜集、整理并呈现剪纸艺术的丰富资料，从入门指南到鉴赏佳作，从网络课堂到文化博览，每一份材料都如同钥匙，为阅读者解锁剪纸世界的奥秘，激发其创造热情，让这门古老艺术焕发新生。

面对老年班这一特殊群体，阅读指导者则展现出无限的温情与智慧。他们深知岁月赋予的不仅是经验，也有挑战，因此，在阅读材料的选择上，更加注重趣味性与实用性并重，从经典歌曲到流行金曲，从革命颂歌到地方民谣，每一首歌曲都承载着情感与记忆，滋养着老年学员的心灵，让他们在歌声中找回青春，享受生活。

阅读指导者不仅是知识的传递者，更是阅读者成长道路上的灯塔。他们巧妙地引导阅读者将近期目标与终极愿景相结合，既鼓励脚踏实地地完成学业，又激发对未来无限可能的憧憬。在数学阅读的案例中，阅读指导者既注重基础知识的巩固，又鼓励探索未知领域的勇气，让每一位阅读者都能在适合自己的节奏中，实现自我超越。

随着开放大学教育模式的不断创新与拓展，阅读活动日益丰富多彩，挑战也随之而来。阅读指导者面临着新的任务与挑战，但他们却以更加饱满的热情与坚定的信念，迎难而上。在这个自主学习与终身学习蔚然成风的时代，阅读指导者的角色越发重要，他们不仅是阅读的引路人，更是文明传承与创新的推动者。

阅读，这一看似平凡却又蕴含无限力量的活动，正悄然改变着每一个人的生活轨迹。在阅读指导者的精心培育下，阅读者们在字里行间汲取智慧，在思考交流中成长蜕变。他们不仅在书海中遨游，更在人生的旅途中勇往直前，以所学所悟回馈社会，推动人类文明的不断进步。阅读指导者，正是这一伟大征程中不可或缺的守护者，他们以教育之名，点亮希望之光，让阅读的力量照亮每一个角落，温暖每一颗心灵。

结　语

　　回望往昔，我已在图书的殿堂中默默耕耘三十余载，亲历了改革开放的波澜壮阔，风雨兼程。如今，当记忆的画卷缓缓展开，那份对阅读教育的深情挚爱，依旧炽热如初，未曾有丝毫褪色或悔意。一茬茬学子如同繁星般散落于社会的各个角落，各自闪耀，而我，作为他们阅读旅程中的引路人，能在他们成长的轨迹中捕捉到阅读教育留下的温暖印记，心中满溢的是无比的欣慰与幸福。桃李不言，下自成蹊，这份成就，是岁月对我最温柔的奖赏。

　　时光荏苒，如白驹过隙，人生虽短，但阅读之光却能在繁忙之中照亮前行的道路，显得尤为珍贵。我们应当深刻认识到，阅读教育不仅是知识的传递，更是灵魂的滋养，它引领我们与古今中外的智者对话，让心灵在经典的海洋中遨游，追求那光明璀璨的思想彼岸。在这条旅途中，每一次翻页都是对生命的充实，每一回沉思都是对智慧的汲取，让我们的人生因此而丰盈，不虚此行。

　　尽管时代变迁，科技日新月异，但阅读教育在终身学习的浪潮中，其地位非但未减，反而越发凸显其重要性与紧迫性。无论是个人修养的提升，还是国家发展的需要，阅读都是不可或缺的基石。它赋予我们知识，赋予我们力量，让我们在智能时代的浪潮中站稳脚跟，更好地服务社会，贡献自己的力量。

　　智慧图书馆作为新时代的产物，正以前所未有的姿态拥抱新技术，创新阅读方式，为阅读教育注入了新的活力。这些变化，既是对传统阅读模式的挑战，也是推动阅读教育不断向前发展的契机。我们有理由相信，在每一位阅读教育参与者的不懈努力下，阅读教育的明天定将更加辉煌灿烂。

本书所呈现的阅读理论与实践，如同繁星点点，构成了一幅蔚为壮观的阅读教育图景。阅读指导者应熟稔并灵活运用这些理论，从实践中汲取智慧，不断创新；而阅读者则须用心学习，掌握阅读的方法与技巧，从一个个生动的案例中领悟阅读的真谛，共同推动阅读教育的新发展。

在人类文明的长河中，阅读是每位学生不可或缺的伴侣，也是现代社会对年轻一代的殷切期望。它不仅能够完善学生的身心，更能引导他们以知识为翼，服务社会，与时代同行。正如鲁迅先生所言，路是人走出来的。通过阅读，学生们不仅能够借鉴前人的经验，更能在自己的道路上勇敢前行，探索未知，创造未来。

因此，我衷心建议每一位学子，既要扎实阅读基础知识与理论，又要勇于探索创新，不断拓宽阅读的边界。其中，经典阅读更是一条通往智慧与深邃的捷径。在阅读指导者的引领下，学生们将学会见微知著，与古今中外的智者进行跨越时空的对话，汲取他们的智慧与力量，共同书写属于自己的精彩篇章。

总之，阅读之旅，学海无涯，乐在其中，未来可期。让我们在岁月的长河中，以书为舟，以梦为帆，向着那"蒹葭苍苍，白露为霜。所谓伊人，在水一方"的美好境界奋力前行。阅读梦、读书梦、中国梦，交织成一幅幅壮丽的画卷，等待着我们用汗水与智慧去描绘、去实现。

后 记

社会螺旋式坚定地向前推进，文明之花在日月的更迭中绽放得越发璀璨夺目。作者在这似真似幻的时光旅途中，已默默耕耘于图书阅读工作的沃土之上三十余载，见证了国家政治、经济、教育领域的波澜壮阔与日新月异，每一次革新都如同春风化雨，滋养着这片知识的田野。随着教育方针与政策的新思维、新策略层出不穷，校园里桃李芬芳，蔚然成林，那由学子们足迹铺就的小径，为教育的沃土带来了前所未有的生机与活力，也见证着教育的力量与希望。

在人生的浩瀚长卷中，无论是沉浸于字里行间的书面阅读，还是心灵深处那无声的人生阅读，阅读都如同一位不离不弃的侣伴，贯穿始终，无处不在。教育，作为塑造灵魂、启迪智慧的伟大事业，与阅读紧密相连，共同编织着人类进步的华章，实为人生旅途中的一大幸事。当阅读与教育携手并进，目标同向时，阅读便成为了一盏明灯，照亮前行的道路，每一步都坚韧而明确。反之，若二者背道而驰，阅读则可能迷失于茫茫迷雾，成为盲目探索的孤舟。阅读，以其丰富的内涵与细腻的情感，为教育提供了鲜活的素材与深刻的见解；而教育，则以其系统的引导与不懈的支持，助力阅读之旅圆满达成。

本书以深入浅出的笔触，细致剖析了阅读与教育交织的经纬，探讨了二者间具体而微的问题、要求与实践路径，旨在培育出既拥有坚定政治方向，又具备广博知识、高尚品德的社会栋梁之才。因此期待通过这本书，读者能够感受到阅读与教育相互作用的深刻魅力，获得启迪心智、丰富知识、开拓视野的宝贵财富。愿本书成为您旅途中一位虽陌生却温馨的侣伴，与您并肩同行，在风雨中相扶相持，共同穿越人生的低谷与高峰，您将领略到生命绚烂的色彩，感受到阅读与教育共同赋予的无尽喜悦与成就。

本书聚焦于阅读与教育的交汇之地，诚邀每位读者踏入一场生命中心智启迪之旅；一段灵魂深处的智慧探索。无论您是思索先贤哲人的深邃理论，还是邂逅作者亲历的生动故事，亦或是品味由实践精粹凝练而成的主题篇章，本书都旨在用独特的节奏与好奇心引领您步入一座心灵构建的象牙塔内，让思维在字里行间触类旁通，绽放光彩。此行不拘形式，您可独自饮自品，亦可三两知己共赏，乃至集体研读，共享智慧之宴。它既是旅途中轻松愉悦的思绪点心，也是知识荒漠中涌出的甘泉，或是脑力充电的滋养豆乳，随您所需，随时取用。

这是一场视觉与心灵的双重宴席，如同攀登高峰，极目远眺，心胸豁然开朗；又如春花烂漫，沿途风景美不胜收，令人心旷神怡；在天池之畔定格永恒，于草原之巅驰骋自由，九寨沟的静谧，大理的风情，海南的浪漫，让人沉醉。更有那跨越时空的人类文明，如阿尔卑斯山的雄伟、罗马神庙的庄严、金字塔的神秘、埃菲尔铁塔的时尚，无不震撼着心灵。让想象力与创造力插上翅膀，翱翔于这片浩渺无垠的思想天空。不论您是疾驰于知识的高速公路，还是悠然漫步于思考的林荫小道，亦或是以平常心悠然前行，本书都愿成为您旅途中最温暖的侣伴，让这段智慧之旅充满欢笑、思忖、收获与创新，最终抵达那个充满希望与美好的彼岸。

作者于此文之中汇聚过往阅读与教育的点点滴滴，是对工作历程的规律、技巧、经验及教训深刻总结与自我反思，同时，作者在追求真理与信仰的征途上，满怀憧憬地展望未来。

本书愿作引玉之砖，启迪学子心智，使他们不仅有所收获，更能将所学应用于未来的学业与生活之中，促进个人品质与能力的全面升华。同时，也期待图书界与教育界的同人们能给予本书宝贵的支持与鼓励，共同在知识的海洋中点亮一盏明灯，照亮彼此前行的道路。

　　诚然，自知才疏学浅，书中难免存在瑕疵与不足，故恳请诸位读者不吝赐教，给予雅正。

　　在素质教育日益受到重视的今天，作者心系时代脉搏，渴望阅读的步伐始终与时代并进。愿此书能激发读者内心深处的阅读热情，犹如星火燎原，照亮心灵的每一个角落；又如夜空繁星，光艳夺目，指引方向。让我们携手在阅读与教育的广阔天地里，不懈追求，逐梦未来，共同培育英才，为建设一个富饶、和谐、充满智慧的伟大祖国贡献力量。

参考文献

[1] 杨斌.什么是真正的教育——50 位大师论教育 [M]. 福州：福建教育出版社，2014.

[2] 熊丙奇.走出一个时代的教育困惑 [M].上海：中西书局,2011.

[3] 钱理群.我的教师梦 [M].上海：华东师范大学出版社，2008.

[4] 丁如许.给班主任的建议 [M].武汉：长江文艺出版社有限公司，2020.

[5] 弗谷森,拉尔.个性化学习设计指南 [M].上海:华东师范大学出版社，2009.

[6] 雷夫·艾斯奎斯.第56号教室的奇迹系列 [M].北京:光明日报出版社，2021.

[7] 朱永新.新教育 [M].桂林：漓江出版社，2021.

[8] 珍妮特·沃斯,戈登·德莱顿.学习的革命：通向 21 世纪的个人护照 [M].上海：上海三联书店，1998.

[9] 何海江.教育的智慧与愿景 [M].福州：福建科学技术出版社,2021.

[10] 黄武雄.学校在窗外 [M].北京：首都师范大学出版社，2009.

[11] 苏霍姆林斯基.帕夫雷什中学 [M].北京：教育科学出版社，2022.

[12] 张强,陈虎.明清小说 [M].石家庄:河北教育出版社,2022.

[13] 朱自强.经典这样告诉我们 [M].济南：明天出版社，2016.

[14] 理查德·洛夫.笔记大自然 [M].北京：民主与建设出版社，2022.

[15] 李镇西.我的教育心 [M].北京：光明日报出版社，2013.

[16] 魏书生.教学工作漫谈 [M].桂林：漓江出版社，2021.